Control cerebral y emocional

I0113850

Voz Católica Ediciones

Narciso Irala, S.J.

Control cerebral y emocional
Manual práctico de felicidad y salud

Voz Católica
Ediciones
2025

Irala, P. Narciso

  Control cerebral y emocional: Manual práctico de felicidad y salud /
P. Narciso Irala. - 1a ed - San Rafael. Voz Católica Ediciones, 2025.

  244 p. ; 13.97 x 21.59 cm.

  ISBN 978-196-5073-07-0

De los editores:

Para esta nueva edición tomamos el texto de una edición de 1982. Es por eso que ciertas citas, nombres o hechos, pueden resultar anacrónicos. Lo mismo respecto a algunos medicamentos que se aconsejan y tratamientos psicológicos. Creemos que esto no disminuye en nada el contenido esencial del libro. Les deseamos una buena y provechosa lectura.

Introducción:
Vida moderna descontrolada

Los peligros de la era nuclear en que vivimos son signos exteriores de otra fuerza interna mucho más terrible, explosiva, destructora y atomizadora. La vida psíquica de pensamientos, impulsos, instintos, emociones y sentimientos descontrolados que se dan en el hombre moderno, su proceder y deseos inconfesados, sus prisas, preocupaciones y quebrantos nerviosos son más amenazadores que la bomba atómica.

Cada mes se modifican las fronteras de la ciencia, de la industria y de la política. Cada día nos vemos expuestos a impresiones explosivas de periódicos, radio, cine y televisión. Se viaja a 1.000 kilómetros por hora sobre la prolongada explosión de los potentes reactores alados, y aun los negocios y la vida social se van complicando hasta llegar a situaciones explosivas. El vivir en el marco de 24 horas se hace cada día más y más difícil por los mil detalles embarazosos a los que hay que atender. Tan fuerte y tan terrible es la presión que esto ejerce en nuestra mente, que para muchos la vida se asemeja a una explosión tras otra.

Las naciones de técnica más avanzada y muchos hombres de ideales elevados y de gran capacidad mental y afectiva, lo van sintiendo en su organismo. En 1956 las estadísticas norteamericanas nos hablaban de 19.000.000 de personas que necesitaban cada noche píldoras para dormir; de 10.000.000 de nerviosos o neuróticos declarados; de otros 20.000.000 sin esa etiqueta oficial, y de 800 millones de dólares gastados aquel año en psicótropos, estimulantes o calmantes. En 1971 esta cifra había subido a 70.000 millones y las otras se habían casi duplicado.

Son tantos los ejecutivos o gerentes de la industria o comercio con úlceras gastrointestinales que se ha llegado a clasificar esa dolencia como propia de ellos. Hay allí tanta hipertensión y tantas enfermedades de corazón que a ellas atribuyen el 60 por ciento de las defunciones.

Es que en nuestro pensar ya no hay aquella calma socrática en que las ideas se suceden ordenadas y gradualmente, ni aquel recibir con nitidez, paz y alegría las impresiones con que el mundo de los colores, de las formas y de los sonidos iba a enriquecernos, alegrarnos y tranquilizarnos. Apenas nos damos cuenta de lo que vemos u oímos porque tenemos la mente ocupada con ambiciosos proyectos, con tristezas y preocupaciones. Hemos cambiado la sofrósine griega o la ecuanimidad clásica por un tumulto de imágenes o ideas que se agolpan en nosotros sin poderse grabar ni asentar en la mente, sin paz para concentrar la atención en una cosa sola. De donde: confusión, nerviosidad, cansancio cerebral, inquietud, insomnio, etc.

En la vida afectiva de sentimientos y emociones, aquella moderación de nuestros abuelos, aquellas sanas y santas expansiones de la vida de familia van cediendo lugar a multitud de impresiones anormales, o sin cohesión, a excitaciones precoces o brutales, a temores o deseos exaltados, que se graban o se exageran o se transfieren a objetos indebidos, dando origen a variadísimas fobias, obsesiones, angustia, preocupaciones y tristezas.

En la vida volitiva de deseos y decisiones, tampoco son ya aquellas personalidades con normas fijas a que atenerse, esos caracteres que saben encarar la vida y superar sus dificultades, sino por el contrario, son gente sin principios, sin fuerza de voluntad, hombres y aun jóvenes derrotados hasta el suicidio. O bien, es una multiplicidad de impulsos incoherentes o de deseos inmoderados, procedentes de las excitaciones externas o del instinto desenfrenado, que eliminan la decisión deliberada, gobernada por la razón y van produciendo la indecisión, la abulia, la inconstancia y el desaliento, hasta que el "Yo consciente y superior" deja de ejercer el control sobre el "Yo bajo e inconsciente", y la voluntad pierde las riendas para gobernar su mundo psíquico.

Vida agitada y bulliciosa, divertida si se quiere, pero triste, vacía, desaprovechada, atormentada, anárquica. Vida en que no se sabe descansar reposadamente, ni trabajar eficientemente, ni querer de veras, ni dominar los sentimientos y el instinto sexual. Vida, en fin, en que no se sabe ser íntimamente feliz, sino a lo sumo se encubre la tristeza y vacío en un montón de diversiones y pasatiempos.

"Encontré mi propia vida", era la frase que repetía una joven de la alta sociedad de Sao Paulo internada hacía meses en un sanatorio de tuberculosos. "Hasta aquí no sabía lo que era pensar, sentir y querer por cuenta propia. Viví vida ajena, esclava de las conveniencias sociales. Por fin, en esta soledad e impotencia física, me encontré a mí misma y comienzo a ser íntimamente feliz".

PRIMERA PARTE:
LA FELICIDAD
Y SUS MECANISMOS PSÍQUICOS

I
Felicidad falsa y verdadera

Antes de exponer los medios prácticos para aumentar nuestra dicha y destruir sus obstáculos sería útil aclarar el concepto mismo de felicidad. Para ello, este primer capítulo, que, aunque forzosamente abstracto, será orientador de la técnica concreta que le sigue. Tratamos de la felicidad del "destierro"; forzosamente limitada e imperfecta.

En el palacio de la pseudofelicidad, o de la dicha aparente, se nos presentan en la fachada placeres, riquezas, diversiones, etc. No está allí la felicidad. Del interior salen continuamente estas voces: "Vacío, intranquilidad, hastío". La riqueza no satisface; no llenó a 80 millonarios que se suicidaron en Estados Unidos en un solo año. Tampoco el placer, confundido con la felicidad. Muchos, por identificarlos, se entregan al vicio, pero encuentran abyección, hastío, enfermedad, remordimiento, muerte prematura y tal vez condenación eterna. Tampoco nos llenan las diversiones inmoderadas. ¡Cuántos jóvenes sienten el vacío de su vida sin ideal! Tendrían que llenarlo con la satisfacción del deber cumplido o del sacrificio por una causa noble, pero se contentan con encubrirlo en un cúmulo de diversiones, o lo quieren ahogar con la risa chocarrera o la agitación desenfrenada. Nunca serán felices, por ese camino.

Felicidad es *densidad* de existencia o de vida.

1º En el grado más bajo está la del animal que se reduce a saciar sus instintos corporales.

2º Subiendo más alto viene la del hombre, que, además de cuerpo, tiene alma con capacidad de percibir poseer y aumentar la belleza, la verdad y la bondad. Densidad de existencia estética, intelectiva, afectiva y creadora, que puede crecer en altura, profundidad y extensión, y que es incomparablemente mayor que la del animal.

3º El hombre, elevado por la Gracia a una existencia sobrenatural, tiene posibilidades de realización y de gozo, en cierto modo, divino. Lo sabemos sólo por la fe, y lo sentimos en momentos de fervor. Vida que, en la eternidad, tendrá una densidad de existencia rayana en lo divino.

4º Dios tiene esta densidad de existencia infinita al conocer, amar, realizar y gozar.

¿Será grandeza el despreciar la felicidad de esta vida?

Hay quien desprecia este tema por parecerle imposible su consecución. Ignora lo que puede su espíritu y su elevación sobrenatural. Se siente incapaz de ella.

Despreciar la felicidad falsa, la del egoísta, la del éxito aparente, la del que, tras una fachada de contento, está ocultando un alma insatisfecha, eso sí sería grandeza (hasta cierto punto).

Pero desdeñar la felicidad verdadera es una trágica grandeza.

Conquistarla por el heroísmo es la verdadera grandeza; como cuando de lo profundo del fracaso se hace brotar el éxito espiritual.

DESCRIBAMOS LA FELICIDAD VERDADERA

Es una "Señora noble, altruista, tranquila y recogida, que mora en el interior del castillo del alma, conociendo, aumentando, comunicando y saboreando sus tesoros. Se asoma con frecuencia al exterior por las ventanas del rostro, y lo hace engalanada con la sonrisa, vestido refulgente del ser racional, que ni los animales ni las flores más bellas pueden ostentar".

Los acontecimientos apenas la afectan. Si los insensatos sacan desesperación y tristeza de ellos, los sabios sacan de los mismos resignación, paz y alegría. Es que el alma feliz descubre en la base o esencia de cada ser y de cada acontecer lo que les da unidad y valor: el fin nobilísimo de ayudarnos a glorificar al Creador infinitamente bueno y hermoso, y de unirnos a Él con felicidad perfecta, y el gozo de hacer felices a nuestros semejantes.

En esta descripción distinguimos la felicidad íntima, tranquila y profunda del hombre, basada en la satisfacción perfecta de sus tendencias más nobles, de la otra superficial, bulliciosa y vil, que no merece el nombre de felicidad. Insinuamos sus tres mecanismos psíquicos o factores anímicos: el del pensar, o darse cuenta, el del querer y el del sentir y, exponemos su complemento fisiológico, en la expresión externa, la sonrisa. Expliquémosla brevemente y saquemos una fórmula esquemática.

La felicidad es noble. No hay dicha verdadera en el vicio, abyección o placer ilícito. Tras la satisfacción relámpago de una tendencia parcial y baja, se sigue una amargura profunda y duradera.

Las ansias íntimas de grandeza verdadera, cual es la moral, se ven inhibidas o contrariadas.

Tampoco se basa la dicha en riquezas, placeres o poder. Alivian temporalmente tendencias menos nobles. Pero no ofrecen a la conciencia una realidad que sacie. El que aspiró a 1.000 al conseguirlo suspira por 10.000 y luego por 100.000. La satisfacción que ha ido recibiendo fue superficial y pasajera, quedando vacío el estrato más profundo del alma. Muchos millonarios, sintiendo ese vacío, o agobiados de preocupaciones, han añorado los años de su juventud laboriosa. Suele encontrarse más paz y alegría entre los pobres sin miseria que entre los ricos y potentados. Nunca ha habido tanta diversión, comodidad y placer como ahora, y nunca se han quejado tantos de aburrimiento, insatisfacción interna y angustia.

La felicidad es altruista, juega al escondite, se oculta cuando la buscamos con egoísmo. Pero nos sale al encuentro cuando, sin mirarnos a nosotros, nos abrazamos con lo más noble: el deber, la virtud, el bien del prójimo, Dios. Un día de buscar nuestro gusto o capricho, deja un vacío profundo. Otro día de sacrificarnos por el prójimo o por Dios, produce plenitud de satisfacción.

La felicidad es tranquila y recogida. Huye de la agitación y del desorden. Se da en lo más íntimo del ser racional. Consiste en esa conciencia íntima de satisfacción plena (sobre paz imperturbable), que absorbe todo nuestro pensar y desear.

La felicidad no es causada por los acontecimientos, pues del mismo suceso unos sacan resignación, paz y alegría, y otros desesperación y tristeza.

La Señora del castillo vive conociendo, compartiendo y saboreando sus tesoros. Aquí tenemos los tres mecanismos o factores psíquicos de la felicidad.

Primer factor *mental* o de *pensamiento*, por el que conocemos y pensamos en el gran bien poseído o asegurado, y en los medios de aumentarlo.

Segundo factor *volitivo-ejecutivo*, que posee, comparte y aumenta este tesoro por el amor, la voluntad y la acción creadora.

Tercer factor *afectivo-emotivo*, que lo siente y saborea.

De aquí los capítulos siguientes: III, IV, V, VI. Reducida a esquemas, forzosamente demasiado simplificados, sería ésta la

1ª Fórmula de felicidad

Pre-requisito	= Un Tesoro: poseído o asegurado.
Constitutivo	Conciencia del Tesoro. Voluntad que lo posee y comunica. Sentimiento de satisfacción.
Complemento	Expresión de alegría: Sonrisa.

2ª Fórmula de felicidad

Vivir	= la Belleza, Verdad, Bondad, Gracia.
el Presente	= no el Pasado, ni el Futuro.
con Unidad	= de Pensamiento y Acción.
con Plenitud	= de Satisfacción, Paz y Seguridad.

En el *vivir* está la dicha, y cuanto más noble y activa sea esta vida, mayor será la felicidad. En el hombre (animal de deseos, con capacidad de descubrir y desear bienes superiores), esta vida noble y dicha verdadera consiste en conocer los tesoros que le pueden saciar y en conseguirlos y gozarlos. No es felicidad el Nirvana budista que pretendiendo la deificación va mutilando la vida psíquica anulando toda actividad y deseo (anulación negativa que implica empobrecimiento). Lo es y suma la dicha del cielo y, en proporción, también grande, la de la tierra, cuando los tesoros poseídos, divinos y humanos de tal manera llenan las aspiraciones y absorben toda la conciencia, que anulan el pensamiento del pasado y del futuro y hacen imposible cualquier deseo. Anulación, ésta, positiva, porque incluye la posesión de todo lo deseable.

La vida presente es el tesoro poseído, y la vida futura, el tesoro esperado que necesitamos para hacernos felices. Al vivir nos podemos adueñar del mundo de los colores, de las formas y de los sonidos: del mundo de la amistad y la sociedad; de la ciencia, de la belleza y del amor y, sobre todo, de los tesoros sobrenaturales que Dios ha puesto en su Iglesia.

Tenemos que vivir la belleza, dejando que los colores, formas y sonidos entren hasta nuestra mente e impresionen nuestra afectividad. Para eso hay que recibirlos con plena conciencia. Nos darán felicidad estética (capítulo III).

Hay que vivir la verdad, y cuanto mayores y más trascendentales conocimientos adquiramos y con mayor claridad y menor fatiga, mayor satisfacción intelectiva tendremos (capítulo IV).

Hay que vivir la bondad activa, amando y haciendo felices a los demás y sobre todo amando a Dios; y vivir la bondad pasiva, sintiendo el amor y bondad de los demás y la infinita de Dios, volcándose sobre nosotros (plenitud afectiva).

Finalmente, para los que tenemos fe, hemos de vivir, activar y aumentar la vida de la Gracia, que nos diviniza y nos hace capaces de realizaciones y de felicidad más que humanas. Pero nuestra vida ha de ser en el presente momento, que es el único que está en nuestras manos, el único en que podemos hacernos felices. El pasado ya no existe, dejémoslo a la Misericordia Infinita. El futuro aún no tiene existencia; confiémoslo a Su Providencia paternal, y nosotros hagamos del presente un momento eficiente y feliz.

No será eficiente si diferimos siempre la acción pues "repitiendo siempre «mañana» —como dice un viejo refrán—, se pierde toda la vida". Tampoco se será feliz si no lo son nuestros pensamientos. El presente con pensamientos alegres es un camino placentero (a pesar de zarzas y espinas) que lleva a la felicidad, pero pasando por entre dos abismos: el "pasado" y el "futuro". Quien, por la tristeza, añoranza, resentimientos o escrúpulos, cae en el "pasado" o se hunde por la preocupación en el "porvenir" deja de avanzar hacia su felicidad. Claro que a veces hay que prever el futuro, hay que preocuparse de él. Pero que sea tanto cuanto nos lleve a la decisión y nada más. Previa ocupación serena, sí; preocupación angustiosa, jamás.

Hay que vivir el "presente" con unidad de pensamiento y de acción. La unidad y concentración mental dan eficiencia y alegría (capítulo IV). Quien tiene al mismo tiempo muchas cosas en que pensar o que hacer se encontrará nervioso, agitado, o angustiado, pero no feliz.

Sobre todo, y esto nos dará también unidad, hay que vivir el momento actual con plenitud de paz y satisfacción. Cuando el "presente" no nos da esa plenitud, como acontece con el placer, riqueza, poder, que sólo satisfacen aspiraciones menos nobles, entonces queda tendencia y capacidad para suspirar por el "pasado" (añoranza), o soñar en el "futuro". Estos ocuparán la mente y nos robarán felicidad en la medida en que se lo permite la "pobreza" del presente que no ha conseguido absorber todo nuestro interés y atención. Pero si el presente va creciendo en riqueza de valores hasta llenar nuestras aspiraciones más nobles, entonces, la conciencia se agotará toda, dándose cuenta y gozando de la realidad actual, que le llena, sin que se le ocurra pedir nada al pasado, o al futuro, ni le quede lugar para pensar en ellos.

Momentos de esa plenitud los experimenta el místico enajenado de sus sentidos y, en grado inferior, los experimentamos todos en una consolación espiritual (cuando al orar con fervor nos sentimos unidos a Dios); en una inspiración poética o concierto musical; en un descubrimiento o clarividencia científica; en un amor puro; al hacer feliz al prójimo. Momentos continuados de satisfacción plena nos los dará siempre el cumplimiento del deber de cada momento, al caer en la cuenta que estamos realizando en ese momento lo más noble y útil posible, que es la voluntad de Dios.

Esos momentos llenos pierden su plenitud y sobre todo su duración si hay algo que nos quita la paz y seguridad.

La repetición o prolongación duradera de este presente lleno, sería la felicidad, limitada sí, pero verdadera y profunda que es posible poseer en esta vida, aun en medio del dolor. En la otra, la gozaremos cumplidísima y eterna sin posibilidad de sufrir. Eternidad feliz es la fruición perfecta y sin fin de este presente lleno.

Pero estas dos fórmulas de felicidad se hacen imposibles a los que buscan la dicha en el vicio, vanidad o desorden, y se hacen difíciles a las muchísimas víctimas de la vida moderna descontrolada.

II

REEDUCARNOS PARA LA FELICIDAD

Los que buscan la dicha donde no se encuentra, en el vicio, vanidad o desorden, tendrán que comenzar por enderezar sus vidas por el camino del deber y de la virtud. Los libros de educación moral y ascética se lo enseñarán. En éste queremos ayudar a los muchísimos de buena voluntad que, a pesar de caminar por el sendero verdadero, no son tan felices como debieran serlo, por no entender ni manejar convenientemente los mecanismos psíquicos que les darían unidad y plenitud de vida en el presente momento.

Unos carecen de nitidez y precisión en lo que perciben por los sentidos; no se dan cuenta exacta de lo que ven o hacen; no dejan entrar en sí la paz y alegría de las sensaciones conscientes ni del placer estético. Otros, por excesiva fatigabilidad o por divagación mental, no consiguen reposo y profundidad en sus pensamientos careciendo del gozo y eficiencia que su trabajo mental ordenado les daría. A otros les domina la indecisión e inconstancia; no saben utilizar la fuerza inmensa de su voluntad. Finalmente, otros muchísimos sienten antipatías y repugnancias, atractivos e inclinaciones que les dominan o arrastran más allá del deber; o tienen tristezas, temores o disgustos exagerados; les falla su mecanismo emocional. Conozcamos, pues, estas cuatro facultades o mecanismos psíquicos, para poderlos controlar y aumentar así nuestra dicha.

En el cuadro sinóptico que ponemos a continuación, especificamos un poco más los síntomas, causas y remedios de esa falta de control cerebral y emocional que nos impide ser felices. No es nuestra pretensión, en tan brevísimo esquema, abarcar todo el problema de las molestias psíquicas o psico-somáticas, ni tampoco queremos deslindar las fronteras entre lo físico y lo espiritual, que tantas veces se confunden y entreveran. Sólo queremos ilustrar pedagógicamente a los que sufren o pueden sufrir de ese control insuficiente: que un golpe de vista les haga abarcar todo el panorama.

Este cansancio, debilidad o malestar no es mera imaginación del paciente. Es una enfermedad real y penosa; pero de ordinario no es primordialmente orgánica, sino psíquica. Difícilmente la entienden los que no la experimentaron. Por eso, el que la sufre no ha de esperar esa comprensión y así se ahorrará profundos desengaños.

ADVERTENCIA IMPORTANTE

Amigo lector: Antes de que leas el cuadro sinóptico que sigue permíteme una pregunta. Cuando se describen enfermedades, ¿tiendes a temer o a encontrar en ti los síntomas de que se ha tratado? Entonces pasa por encima las 3 páginas siguientes, o si quieres, léelas, pero después de haber recorrido la primera parte del libro, o después de haber entendido que el tener algunos de estos síntomas no es señal de anormalidad, ni menos, de enfermedad peligrosa o difícil de curar. Casi todos hemos tenido o tendremos alguna de estas deficiencias o falta de dominio. Un gran psiquiatra de la Universidad de Bogotá excluía de esta debilidad a solo Jesucristo y su Santísima Madre. Si no eres aprensivo y recorres estas páginas, no por sentirte enfermo, sino buscando mayor salud, eficiencia y felicidad, entonces el cuadro sinóptico te ayudará a enfocar y conseguir ese poco que te falta y a comprender a los demás.

CANSANCIO - INSUFICIENTE CONTROL - MALESTAR PSICOSOMÁTICO

SOMÁTICOS

Capacete de calor, pesadez o dolor en la frente, o en la cabeza; tensión muscular con poco o ningún relajamiento; nerviosidad en vigilia y al querer dormir, despertar por la noche con la imposibilidad de conciliar el sueño; sensación de cansancio y amenaza de vértigo; rubor exagerado e inmotivado; dificultad de hablar en público; hipersensibilidad del oído; trastornos en la respiración, digestión, circulación, etc.

A. SÍNTOMAS

PSÍQUICOS

En las ideas o imágenes

Ideas fijas (en general deprimentes): de desaliento, escrúpulo, persecución, temor, preocupación, etc.

Ideas disparadas (sin freno para detenerlas o encauzarlas): impresiones del día que pasan por la mente como en una película, distracciones continuas, dificultad en fijar la atención, disminución o pérdida de la memoria.

En la conciencia (psicológica, no moral)

Falta de objetividad, de nitidez de conciencia y de respuestas adecuadas a las impresiones. La víctima se sale de la realidad y de la sociedad, engolfándose en su egocentrismo. **No vive ni goza del presente**; no atiende ni se da cuenta clara de lo que ve u oye. **Vive en el pasado o en el futuro**, lejos del lugar donde se encuentra, enredado en tristezas, escrúpulos o preocupaciones. Sueña despierto. **Vida exageradamente subjetiva.**

En la afectividad

Impresionabilidad, irritabilidad, temores o deseos excesivos y persistentes. Disgustos. Ansiedad. Sentimientos alternados de tristeza y alegría, de paz o turbación, de ánimo o desaliento, sin causa objetiva. Sus ideas y sentimientos no le obedecen.

En la voluntad

Indecisión, abulia, inestabilidad, inconstancia. **El paciente procede por impulsos, no por deliberación.** Como consecuencia: sentimiento de inferioridad o de impotencia y fobias variadísimas. **Prisionero en su propia cárcel.**

En una palabra: dualidad penosa y actividad desenfrenada, pérdida o disminución del dominio propio.

21

B. CAUSAS

SOMÁT. (A veces son eficientes, en general sólo predisponentes): herencia, mal funcionamiento de las glándulas endocrinas, accidente, enfermedad o agotamiento orgánico, debilidad nerviosa, excesivo cansancio corporal.

PSÍQUICAS

Repentinas — Choque moral, susto (en los bombardeos)

Lentas — Provienen de la vida psíquica desordenada:

a) En el **orden intelectivo**: trabajo sin descanso o desordenado, como dos ideas. La idea parásita podrá ser **impulsiva**: como buscar con **ansiedad** la ciencia, el negocio, la virtud, trabajar, leer, rezar apresuradamente; pretender acabar en pocos minutos la tarea de una hora. Puede ser también **depresiva**: un escrúpulo, preocupación, tristeza, desaliento, temor del cansancio o de fracaso, etc.

b) En el **orden afectivo**: impresiones fuertes no contrarrestadas, ansiedad prolongada, mimos excesivos o carencia de amor en la infancia o adolescencia, conflictos afectivos no superados sino reprimidos, desgracias de familia o sufrimientos inevitables no aceptados ni digeridos. Emociones negativas (aunque pequeñas), pero muy continuadas o acumuladas por la vida diaria o por el cine y la novela, que nos hacen vivir en pocas horas los sentimientos de un año; gran desnivel entre las aspiraciones y las posibilidades, etc.

c) En el **orden ejecutivo**: trabajo, intelectual o manual con nerviosismo o tensión, con temor al fracaso o con **ansiedad por terminar pronto** (comiénzase una carta o un negocio y ya se está pensando en lo que viene después), se quiere terminar la lectura de todo el periódico en cinco minutos...

C.

R E M E D I O S

S o m á t.

Educación física, deportes, medicinas, inyecciones, choques eléctricos, etc., contribuyen a formar un organismo apto para la lucha o ayudan a curar la parte orgánica afectada. Son medios unilaterales: de ahí el mayor éxito de los psiquiatras espirituales que a los medios somáticos añaden los espirituales

P s í q u i c o s

La cura de reposo, sin dar ocupación o distracción al enfermo, con frecuencia lo empeora. Hipnosis, Narcoanálisis, Psicoanálisis: ayudan a investigar lo subconsciente, las raíces del mal y a mejorarlo. Sugestión: buen, en manos de quien sepa inducirla: es a veces difícil, pero se tornará más fácil por la reeducación. Excitación: ya sea privada, v. gr.: "puedo, me dominaré, no temo"; ya sea colectiva (utilizada por espiritistas y por algunas sectas pseudocristianas). Se reduce a una sugestión, aunque no muy profunda.

Autosugestión o mejor Reeducación del control cerebral y emocional: reeducación de la conciencia sensitiva, de la concentración intelectual, de los sentimientos y emociones y de la voluntad. Es nuestro sistema, pero sin excluir, para casos profundos, los otros.

Tratándose aquí sobre todo de enfermedad psíquica, la curación debe partir del mismo enfermo: reeducación y conquista de sí mismo.

Para entender mejor el esquema, será bueno adentrarnos en el psiquismo de los enfermos, oyendo sus propias descripciones. Por desgracia, en nuestro siglo de vida acelerada, son éstos legión, reclutados no precisamente entre nulidades intelectuales o afectivas (que en éstas no suele haber la exuberancia de vida psíquica necesaria para exceder la medida y descontrolarse); se encuentran sobre todo entre pensadores, escritores, hombres de grandes empresas; entre personas de sensibilidad exquisita, entre estudiantes de grandes aspiraciones y talento, entre oficinistas u obreros superdotados. ¡A cuántos conferenciantes, escritores o profesores de fama internacional hemos visto en nuestros días fulminados de "surmenage"! Del naturalista Carlos Darwin nos cuentan que no podía trabajar más de dos horas por día. El propio Dr. Vittoz comenzó por curarse a sí mismo.

No es, pues, vergonzoso ni deprimente declararse enfermo psíquico.

N. I. M. se describe así: "A los 20 años, con una afición insaciable a los libros, me encontré repentinamente imposibilitado de estudiar: diez minutos de lectura o de escritura bastaban para dejar en mí una sensación penosísima de fatiga, dolor, y más frecuentemente, de calor alrededor de la cabeza y de las órbitas. Imposible, por otra parte, repeler esa sensación y concentrarme en otras ideas. Un tropel de pensamientos sucediéndose de modo obsesionante me oprimían sin que supiese frenarlos; pensamientos de ordinario tristes, recordando el pasado, o angustiosos previendo desgracias para el futuro, a veces tan obsesionantes, que ni la conversación, ni los paseos, ni el trabajo manual conseguían apartarlos totalmente. Era un desgarrarse el alma en lo más íntimo, era como si otro «yo» se sobrepusiese al «yo» consciente. Y con el pasar de los días... desaliento, preocupaciones, sentimiento de inferioridad, indecisión; otras veces, brusco tránsito del optimismo al pesimismo, de la alegría a la tristeza, sin causa objetiva.

"El camino quedaba franco para todas las fobias[1], temor de aparecer en público, amagos de vértigo, escrúpulos de conciencia, etc. Poco después, el insomnio o el descanso poco reconfortarte, interrumpido por sueños y pesadillas. Al levantarme me encontraba más cansado que cuando me acostaba.

"Agravábase el mal y la tristeza por la incomprensión de los que me rodeaban: unos, al verme robusto y exteriormente bien dispuesto, diagnosticaban una enfermedad imaginaria; otros, con caridad, pero no según la ciencia, trataban de persuadirme que hiciese lo que tan ansiosamente anhelaba, esto es, no preocuparme, distraerme, no temer, dominarme; pero no me enseñaban el modo de hacerlo. Era como si a quien sufre de tos o vómitos le aconsejasen que no tosiese ni vomitase, pero no le diesen los remedios para ello.

"Así seguí por diez años, hasta que con seis meses de ejercicios de *reeducación cerebral,* fui de tal modo venciendo todas estas

---

[1] Fobia = Temor persistente, exagerado e infundado.

24

dificultades, que me olvidé de que estaba enfermo, y aunque no he conseguido la misma capacidad de trabajo que antaño, me encuentro curado y satisfecho".

Mi propia experiencia —Yo también hube de pasar por estos tristes estados. Introspección penosísima, pero útil en mi psiquismo descontrolado, realzada e iluminada primero por la ciencia y los consejos del célebre psicólogo jesuita P. Laburu, y completada y sistematizada después en Lausanne por el Dr. Henry Arthus, según los preceptos del Dr. Roger Vittoz.

Ello me dio la clave de mi curación por la *reeducación del control cerebral,* y esto mismo, confirmado por el estudio y la práctica con el Dr. Arthus y por el trato con muchos enfermos, me enseñó a orientar y consolar a los que sufren de mal semejante.

A orientar y consolar digo, no a prescindir de la asistencia médica, pues, aunque los síntomas parezcan semejantes, suelen a veces tener raíces tan profundas que sólo la consulta de un psiquiatra espiritualista puede ofrecer seguridad y provecho.

Tragedia estudiantil. — "Tengo 18 años; antes era un roble: podía leer horas y horas sin fatiga, me sentía optimista y capaz de todo. Pero el curso pasado estudié muy poco y me divertí mucho con otros compañeros. Al acercarse el examen pasamos varias noches estudiando juntos hasta las tres de la madrugada, apartando el sueño a fuerza de café. Pasada la prueba no sé lo que me sucedió. El sueño es para mí un tormento: es una cinta de imágenes, o una sola que se repite continuamente. De día también me bulle el cerebro. No puedo atender a la conversación, me cansa la lectura, no sé distraerme, me aterra la vida, tengo miedo de todo y hasta de mí mismo".

Este joven perdió el control por exceso y desorden en el trabajo mental: tenga ánimo, fortalezca un poco su sistema nervioso sobreexcitado, viaje un poco, descanse, y comience luego el trabajo de reeducación psíquica.

Lector amigo, si no sientes todos esos síntomas ni tienes necesidad de tratamiento psíquico, con todo es posible que te moleste alguno de ellos. Si logras eliminarlo tendrás más salud y felicidad.

Reconozcamos que las emociones nos dominan con frecuencia. "Soy muy nervioso, muy sensible, tengo demasiado corazón", dicen algunos para cohonestar sus faltas. "Soy poco señor de mis pensamientos y sentimientos", deberían decir.

Ahora bien, para gobernar los sentimientos es necesario dominar los actos y las ideas, pues la idea precede e inclina al acto; y los actos y las ideas modifican los sentimientos[2].

Los sentimientos son una fuerza anárquica, como el vapor de la locomotora. Nuestras ideas y nuestra voluntad son el maquinista que los utiliza y dirige.

Necesitamos, pues, controlar bien nuestras ideas. Pero, ¡cuántos hay que no saben lo que piensan, o que no piensan lo que quieren, dominados como están por continuas distracciones, en el estudio, durante el trabajo, en la oración! ¡Cuánto cansancio innecesario! ¡Cuántas energías perdidas por falta de unidad psíquica! Y podrían ser grandes genios, inventores, artistas, santos, si aprendiesen a concentrar sus fuerzas intelectivas y volitivas[3] en un ideal.

¡Cuántas personas quieren, o les parece que quieren! Pero no ejecutan sus propósitos, porque de hecho no tuvieron actos verdaderamente volitivos: no saben utilizar esa fuerza sublime, inmensa, que llamamos "voluntad".

¡Cuántos no saben ser felices, ni siquiera en el grado más bajo y fundamental, gozando por lo menos del descanso psíquico en el sueño sereno, o en las sensaciones conscientes, tranquilas y perfectas, que nos ponen en comunicación y en posesión de la bondad y belleza objetiva de la creación!

Trataremos, pues, de reeducar nuestra receptividad, esforzándonos por tener sensaciones y actos conscientes y voluntarios, con el consiguiente descanso y paz.

Luego conseguiremos el dominio de nuestros pensamientos de cosas sensibles o espirituales, concretas o abstractas, hasta lle-

---

[2] Véanse explicaciones y pruebas en Eymieu *"Le gouvernement de soi même"*.
[3] Volitiva = de la voluntad. Intelectiva = del entendimiento.

gar a pensar cuando queramos y en lo que queramos, y a desviar la atención de lo que nos molesta o perjudica, reeducando para ello la emisividad intelectual.

Finalmente, pudiendo pensar clara y libremente en la acción que proyectamos y en los motivos o bienes que con ella pretendemos, podremos quererla de veras y pasar libre y fácilmente a su ejecución, aun bajo la repugnancia o el temor subconsciente[4].

Y con el pensamiento y la voluntad expeditas podremos modificar y controlar nuestros sentimientos y emociones. En otras palabras, conseguiremos ser hombres racionales, señores de nosotros mismos, y no esclavos de pensamientos o de impulsos irracionales.

MENTE RECEPTORA Y EMISORA

Prenotandos para los capítulos III y IV

Señorío mental. — *El Rey de la Creación debe gobernar ante todo el reino de su mente; debe poder abrir sus puertas cuando quiera a las realidades maravillosas de fuera y a los pensamientos alegres y elevadores, y cerrarlas a los tristes y deprimentes.*

La actividad de nuestra mente es doble

a) Receptora del mundo exterior mediante sensaciones conscientes (aparato fotográfico o receptor); atención externa suave, a colores, formas, objetos, movimientos, sonidos, etc. Esta atención no cansa. Es tónico del sistema nervioso. Produce alegría, enriquecimiento, paz y descanso. Es un retorno a las realidades materiales o corpóreas.

---

[4] Al hablar de subconsciente o subconsciencia no queremos en este manual práctico hacer hincapié en distinciones filosóficas, sino únicamente poner de un lado lo consciente y del otro sin más distinción, lo inconsciente y subconsciente.

Fenómenos conscientes son aquellos de que tenemos conciencia (nos damos cuenta) o porque en ese momento los estamos percibiendo, pensando o sintiendo, o porque podemos después traerlos voluntariamente a la conciencia.

Inconscientes: ideas, sentimientos, etc., de que no tenemos conciencia, ni podemos fácilmente tenerla. Subconscientes: aquellos de que no nos damos cuenta sino rutinaria y deficientemente.

b) Emisora de imágenes (representación de sensaciones previas) o de nuevas ideas enriquecidas con otras experiencias, o de raciocinios elaborados consciente o inconscientemente (aparato proyector o transmisor); atención interna, creadora. Es trabajar, producir, y puede causar fatiga. Es retornar a las realidades intelectuales internas.

Basamos la reeducación de la mente en la distinción entre receptividad y emisividad de nuestro mundo psíquico, y en el axioma de que simultáneamente no podemos ser plenamente receptores y emisores; estar fotografiando un objeto y proyectándolo al mismo tiempo. Si nos damos cuenta exacta de lo que vemos u oímos, no podemos al mismo tiempo pensar en si lo hacemos bien, o en lo que nos entristece o atemoriza. Y, al revés, si pensamos en la injuria o peligro dejamos de darnos cuenta nítida de los colores y sonidos.

De ahí sacaremos dos consecuencias:

1º Poder descansar en la fatiga cerebral y en las tensiones que vienen de la mente emisora descontrolada, haciéndonos meramente receptores de sensaciones y actos conscientes.

2º Poder frenar las ideas que nos iban a irritar, entristecer o atemorizar, dándonos cuenta nítida de lo que vemos, oímos, palpamos y hacemos.

III
RECEPTIVIDAD

Todo está en la receptividad.
- Dr. Vittoz

La receptividad es un estado activo y consciente a lo que se recibe, y pasivo a todo lo demás.

Tener conciencia de un acto no es pensar en él, sino sentirlo.

Recibir sensaciones conscientes comprende no solamente la simple excitación de los sentidos por el ruido, color, dureza, etc., y la consiguiente transmisión de las corrientes nerviosas hasta los centros cerebrales, sino también la vivificación de las sensaciones, la consciencia clara de las mismas y el dejarlas archivadas en la memoria.

El darse cuenta, el ser consciente de algo externo al Yo, de un acto, de un objeto real, no supone esfuerzo alguno ni interpretación propia o ajena del objeto o acto. Es un recibir inmediato, un acoger espontáneo, libre de todo pensamiento y emoción.

Tales sensaciones, de fuera para adentro, no frustradas por la distracción, ni alteradas por pensamientos o razonamientos subjetivos, son tonificadoras del cerebro y del sistema nervioso; producen paz, alegría, tranquilidad y reposo. Dejamos obrar a la naturaleza. Es el mundo objetivo que entra en nosotros y nos enriquece con todas sus bellezas.

Si sabes recibirlo en tu interior, te alegrará y apaciguará el azul
del cielo, la paz de la noche estrellada, la hermosura y variedad

de las flores, la frescura del aura matinal, el susurro de la fuente,
el silbido del viento, el verdor de los campos, el trinar de los pá-
jaros, los cantos de los niños inocentes.

Muchas personas, máxime los nerviosos, preocupados, apasionados y casi todos los enfermos psíquicos, rara vez tienen sensaciones nítidas. Viven en su mundo subjetivo triste e irreal. Salen poco al mundo exterior, hermoso y alegre, como criado por la Belleza Infinita, y cuando salen, modifican sus sensaciones con pensamientos extraños, subjetivos, exagerados.

REEDUCACIÓN DE LA CONCIENCIA RECEPTIVA

Sensaciones visuales

Para reeducarte, procura aplicar tu vista por uno o varios segundos a un paisaje, a un objeto, a un color, a un detalle, con atención tranquila, casi pasiva, sin prisas, sin fijar tu pensamiento en otra cosa. Deja que el objeto penetre dentro de ti, a lo más íntimo de tu ser, al centro de tu conciencia. Deja que entre tal cual es, sin esfuerzo, sin modificaciones subjetivas. Tendrás que saber esperar, a veces, a que la sensación llegue a ti. Hay que mirar, no rebuscar. Ver sin decirte nada, sin examinarte cómo lo haces (esto lo harás después). Imita al niño de pocos años, que sólo recibe. Se da cuenta del hecho o del objeto, pero no discurre sobre sus causas o efectos. Para eso conserva tus ojos blandos, y con frecuente parpadeo, tendiendo a la sonrisa. Tras una pequeña pausa, en que los podrás cerrar suavemente y respirar con más soltura, enfoca otro objeto o detalle.

Después de algunos titubeos y fracasos, lo que no tiene que desanimarte, de repente descubrirás que has acertado, que una sensación entró en ti por un instante, sin haber tenido que esforzarte y sin haber pensado en nada mientras la recibías. Pronto llegará esto a serte agradable y te dará la impresión de verdadero descanso.

También te convencerás del poder de la sensación para frenar cualquier otra idea, sea de desagrado, preocupación o tristeza; pues mientras recibías la sensación exterior, pararon en ti esas ideas.

Sensaciones auditivas

Aplica tu oído a un sonido próximo o lejano, también por uno o pocos segundos. Déjate penetrar por las ondas sonoras, con naturalidad, sin discurrir sobre el hecho, ni sobre su causa. Sé un mero receptor del ruido, y percíbelo con placer y descanso. Para hacerlo mejor, ayudaría el cerrar suavemente los ojos.

No analices ni te juzgues, ni pienses en el camión, persona u objeto de donde viene el ruido. Aquí también lo importante es que estés plenamente relajado, confiando en tu oído y con la paciencia para esperar a que el sonido llegue a ti. Normalmente el mundo exterior debe llegar a nosotros sin que tengamos que ponernos tensos para recibirlo.

El día en que te acostumbres a dejar entrar en ti los ruidos exteriores, sin tratar de protegerte contra ellos; cuando renuncies a estar a la defensiva y los aceptes siendo mero receptor, caerás en la cuenta de que hay muy pocos ruidos que te puedan molestar.

"He aprendido a beber el sonido", decía graciosamente una paciente. Si recibes así los turbulentos movimientos de carruajes, muebles, o personas vecinas, o el ronquido de tu compañero de alcoba, esos ruidos serán para ti suave murmullo u ocasión de ejercicio de receptividad y medio de distensión nerviosa o muscular.

Yo mismo empecé a mejorar del insomnio, del que sufrí varios años, cuando aprendí a ser mero receptor de ruidos durante el día; y me curé la semana en que, en lugar de taparme los oídos en la cama, quise oírlos recibiéndolos tales como eran. El remedio llegó a ser radical, cuando, tratándose del ronquido de un vecino, conseguí deleitarme en el ritmo y variedad de aquellas ondas sonoras, sin dar lugar a los pensamientos que antes me ponían tenso. Uno era éste: "Ya podía ese vecino esperar a que yo me durmiera"; y el otro: "Si ahora no duermo, no podré trabajar mañana". Pensamientos que fácilmente dominará quien practique los cap. XIII y XIV.

Sensaciones del tacto

Tu mano está sobre la mesa o agarra algo. Recoge esa sensación del contacto de tu piel con el objeto. Lo difícil al principio es no pensar en el objeto, sino sólo sentir algo en los dedos, darse cuenta de esa sensación. Si me digo: "Está frío, es duro, es un lápiz", no hice bien el ejercicio. Me di a interpretar, cuando solo tenía que percibir sencillamente una sensación.

Esta toma de conciencia es un fenómeno que tiene que efectuarse en los dedos o en la parte del cuerpo que se pone en contacto con los objetos: pie y suelo, espalda y respaldo, etc.

No te extrañes si al principio experimentas gran dificultad y no sientes nada. La atención táctil está poco desarrollada en el hombre moderno, incluso a veces puede estar completamente inhibida. Con todo, al recuperarla o encontrarla te habrás enriquecido con uno de los mejores medios para distenderte y descansar cuando lo desees.

Caso práctico. Estás acostado; un torbellino de ideas te invade y no puedes dormir. Si te pones a recibir por unos segundos las sensaciones que te vienen del contacto con las sábanas, llegarás rápidamente a frenar las ideas, aflojar los músculos y facilitar el sueño.

Lo mismo puedes conseguir si, dejando que tu mano o brazo derechos se posen sobre el colchón con todo su peso, sin tú sostenerlos, te das cuenta de ese peso, y luego, que van pesando más y más cada vez. Hazlo después con tu brazo izquierdo, y luego con tus piernas y pies. Pronto llegarás a no sentir nada, porque estarán como muertos, sin movimiento, o lo más probable es que no lo percibirás porque estarás dormido.

El entrenamiento autógeno del profesor Schultz se basa en esto y en la fuerza de la concentración de la atención, como veremos en el capítulo siguiente.

Sensación de movimiento en mí

Muchos se mueven como autómatas y, aun sin tener enfermedad orgánica, sólo sienten su cuerpo en la fatiga y dolor. La experiencia enseña que quien llega a sentir de nuevo las sensaciones normales que vienen del cuerpo, acaba pronto con los síntomas de cansancio.

Lo mismo pasa, dice el Dr. Arthus, con los calambres, agujetas, espasmos, movimientos involuntarios y muchas manifestaciones dolorosas ligadas a estos estados. A condición, por supuesto, de que no provengan de una enfermedad orgánica del sistema nervioso, diagnosticable por el médico.

Ejemplos:

a) En el que se halla dominado por tics, la contracción involuntaria de los músculos del rostro desaparece en cuanto el enfermo se da cuenta nítida de su movimiento involuntario y siente que sus músculos se contraen. Como consecuencia el fenómeno entra en el campo de su atención voluntaria y queda bajo el control de su YO consciente.

b) La falta de precisión, los movimientos sin sentido, los temblores, sin causa orgánica, se pueden corregir por el desarrollo de la receptividad de sensaciones cinestésicas, es decir, las que acompañan a los movimientos.

Entrenamiento. Siéntate cómodamente en un sofá y abandónate enteramente. Siente que tus brazos se relajan, que todos tus músculos se aflojan... brazos, piernas, espalda, cuello, rostro. Te asombrarás al notar cuan tenso estabas sin saberlo, y cuan necesaria es a veces una suave pero obstinada paciencia para conseguir una relajación general y completa.

Después, cuando hayas aprendido a producir esta relajación, podrás también fijarte en los músculos de la respiración. Siente el diafragma (vientre) y el tórax (pecho) que se dilatan y vuelven por sí mismos a la posición normal. Sólo por unos segundos.

¡Pero cuidado! No hagas de este entrenamiento un ejercicio de gimnasia respiratoria. Nada de violencia. No hay que forzar nada. Se trata sólo de sentirse respirar y nada más.

Más tarde, después de tres o cuatro días de entrenamiento, comenzarás a tener conciencia de algunos movimientos. Siempre en el sofá, haz lentamente, pero sin paradas, movimientos de flexión del antebrazo sobre el brazo; el derecho, el izquierdo, luego los dos a la vez.

Al principio hay peligro de mandar u ordenar el movimiento, o de convertirlo en gimnasia sueca. Pero pronto te acostumbrarás a dejar a tus brazos que se muevan, recibiendo simplemente las sensaciones que de ahí te vienen. Siempre por pocos segundos y teniendo mucha indulgencia consigo mismo.

Pasados varios días, llegarás a sentir primero un movimiento, luego dos; más tarde tres movimientos sucesivos, y notarás que este ejercicio te da una impresión de relajación muy nítida y una tranquilidad mental y fisiológica muy apreciable.

Dominadas las sensaciones motrices del antebrazo, puedes pasar a sentir las del brazo extendido hacia adelante o hacia atrás a un lado o al otro (movimientos horizontales); luego las de los movimientos verticales hacia arriba o hacia abajo. (Estos se hacen mejor de pie). Mas adelante los movimientos de flexión, de extensión y de torsión del tronco, y movimientos de la cabeza. Hay que dejar que ellos se hagan contentándonos con sentir que se hacen. Siempre por pocos segundos.

Por fin puedes ejercitarte en sentir los movimientos de las piernas: de pie, apoyada la mano izquierda sobre una mesa, balancea la pierna derecha teniendo el muslo izquierdo algo inclinado e inmóvil en esa postura. El balanceo que sea pasivo, como un péndulo, como algo muerto. Luego haces lo mismo con la otra.

Cuando hayas llegado a sentir bien los movimientos de las piernas, podrás pasar a entrenarte en lo más útil de esta técnica, en la *marcha sentida*, es decir, en el:

Caminar conscientemente. —Según caminas con buen paso, ni muy lento ni demasiado rápido, siente que se mueven tus piernas sin tú mandarlas; o siente el contacto del pie con el suelo, o la flexión de la pierna por la rodilla, etc.

Al principio sólo podrás captar una u otra de estas sensaciones, pero poco a poco, tendrás conciencia nítida de unas y otras. Más tarde llegarás a sentir en bloque el conjunto de esos movimientos y con ello la sensación de soltura.

Este ejercicio es utilísimo para vencer la agorafobia, o amagos de mareo. Es también un medio práctico de distensión. En vez de ir a tu oficina o trabajo con preocupación y tensión, haz algo de marcha sentida, camina conscientemente, y convertirás el tiempo "perdido" de ida y vuelta en tiempo consagrado a la higiene mental, a la relajación y a mejorar tu atención y control.

Si lo haces al volver de tu trabajo, llegarás a casa descansado, libre de preocupaciones profesionales, y, lo que vale más, sonriendo y de buen humor, que contribuirá al mayor contento de tus familiares.

Actos conscientes

Los ejercicios de receptividad visual, auditiva, táctil, se pueden después aplicar a la vida ordinaria: hacer conscientemente algo de lo que antes hacíamos sin darnos cuenta.

Por ejemplo: oye el agua que fluye en el lavabo o en la ducha. Siente las medias en las piernas, los zapatos en los pies cuando te calzas. En tus manos siente el asidero del cajón o de la puerta, cuando los abres o cierras, o la barandilla de la escalera. Cuando salgas siente el viento en el rostro, los pasos que vas dando, la propia respiración, el aire que entra, el pecho que se llena, etc. Haz con paz algo de esto.

El ideal sería sentirlo todo; ser mero receptor mientras no se necesite pensar. Pero esto implicaría para algunos esfuerzo, tensión, tal vez obsesión, sobre todo en los principios. Lo que sería convertir la medicina en veneno. Seamos, pues, realistas. Cuando no tengas que pensar, discurrir, proyectar, leer, etc., aprovecha esos ratos libres para sentir algo.

La primera sensación percibida será la más consciente. Cuida al mismo tiempo de que los músculos de la frente y de los ojos estén sueltos y relajados, pues cuando hay tensión neuro-muscular, fácilmente habrá también tensión psíquica y, con ella, falta de paz en las sensaciones; y al revés: si los músculos se aflojan, también el espíritu tiende a aliviarse.

Ejercítate en estas sensaciones varias veces por la mañana y por la tarde, por ejemplo, en tres o cinco ocasiones distintas, empleando en ello dos o tres minutos cada vez, recibiendo tres o más sensaciones por cada sentido. Realiza en lo posible el "haz lo que haces", es decir, que te des cuenta nítida de lo que estás haciendo.

Efectos beneficiosos de la receptividad

Como esos ejercicios no implican trabajo alguno, sino sólo descanso y paz, no hay inconveniente en multiplicarlos, v. gr., 20 cada hora (ya que cada ejercicio sólo dura unos segundos).

El pensar inconscientemente tiende a ser impreciso, atropellado y obsesionante. "Nos bulle el cerebro", repiten a menudo los nerviosos. Cuanto más lo vayan frenando por estas paradas mediante las sensaciones y actos voluntarios conscientes, tanto más tranquilas, nítidas y normales serán sus ideas, pues reflejarán más el mundo exterior. Su facultad de mirar a ese mundo exterior, se desarrollará más y más, y sentirán mejor la impresión de "realidad" que antes les faltaba.

En pocos días de sensaciones conscientes notarán mayor paz y alegría. El mundo les aparecerá más hermoso ya que les impresionará tal cual es en sí, sin las modificaciones tristes de su inconsciente descontrolado.

Así me lo afirmaba una persona muy deprimida: "después de diez días de sensaciones conscientes, me siento otra; el mundo me parece alegre y hermoso". Es que antes lo miraba bajo el prisma de sus pensamientos tristes, o tal vez lo miraba, pero no lo veía; no se daba cuenta de lo que llegaba a su retina.

Con este ejercicio se han curado muchos nerviosos y han adquirido más paz y dominio muchos sanos.

Son casi mil las visitas y cartas de agradecimiento que he recibido por este capítulo, sobre, todo en Estados Unidos.

El Dr. Frangois Ledoux presentó en 1960, en el Congreso de sicosíntesis de Villeneuve, Suiza un trabajo sobre "Desarrollo de la personalidad por la receptividad". De él entresacamos abreviándolo el siguiente caso[5].

Una señora de 52 años. Postrada, mirada apagada, palabras sin vida, sin interés por la existencia; incapaz de concentrarse, ni del mínimo trabajo psíquico o físico; jaquecas desde los 17 años;

---

[5] Vittoz, Roger, *"Le Dr. Roger Vittoz et l'angoisse moderne"*. Editions du Levain, Paris 1960, VIe.

frigidez desde hace 6 años; insomnio total desde hace 18 meses, a pesar de fuertes dosis de barbitúricos; agudas fobias al ruido y crisis de diarreas al viajar.

Después de cuarenta y ocho horas de tratamiento por las sensaciones y actos conscientes, hubo ligera distensión y mirada algo más viva. A los ocho días no toma más calmantes y duerme varias horas. Al mes duerme nueve horas seguidas, y encuentra gusto en la vida. A los dos meses la frigidez, jaquecas y diarreas desaparecen. Tolera el ruido y la agitación a su alrededor. A los tres meses y medio comienza de nuevo a enseñar matemáticas dos horas al día. Un año después reemprende con plena dedicación su vida profesional. Han desaparecido todos los síntomas.

Aplicaciones para vencer repugnancias

Ante un manjar común de cualquier país, si sientes apetito y eres mero receptor encontrarás agrado al percibir su sabor.

Pero si eres emisor y antes de probarlo o mientras lo pruebas, piensas en su color semejante al que te repugna, o recuerdas las manos sucias del cocinero, o la mosca que cayó en el plato, entonces la percepción en tu paladar fue influenciada por tus pensamientos negativos, no fuiste mero receptor, sentiste repugnancia.

Ante una bebida: agua, leche, vino, si eres mero receptor del sabor sentirás agrado. Pero... una experiencia de China:

Viajaba en barca con tres alumnos. Al mediodía saqué mi termo y bebí un vaso de leche caliente. Ellos mostraron deseos de imitarme y les di su vaso que tomaron con gusto. Poco después me preguntaron qué era aquello tan bueno. Al decirles que era leche de vaca, recordaron lo malo que habían oído de ella en casa, empezaron a sentirse mal y la devolvieron.

Ante un desconocido si estás como mero receptor de su fisionomía, talla o voz probablemente sentirás agrado y paz. Pero si al ver su vestido y oír su voz vives inconscientemente el gran susto o desagrado que tuviste en tu infancia ante una persona parecida, estás siendo emisor y transfiriendo a este desconocido el temor o aversión de tu infancia.

¡Cuántas fobias, transferencias, reflejos condicionados, etc., se podrían evitar o curar si percibiésemos el mundo exterior tal cual es!

Todo es del color del cristal con que se mira, dijo el poeta. Quiere decir que todo puede quedar modificado y con frecuencia distorsionado si no somos meros receptores, si estamos pensando mientras miramos.

> ¡ATENCIÓN! *Estos y los demás ejercicios que proponemos en la primera parte no son para ocasionarnos tensión, preocupación u obsesión, sino al contrario, para aliviarnos, tomándolos con alegría y optimismo. Son como una gimnasia psíquica que nos devolverá pronto la paz, el descanso y la alegría, según los vayamos haciendo cada día con mayor naturalidad y perfección.*

Tampoco hay que temer que al sentir nuestros actos o movimientos los perturbemos, o destruyamos su espontaneidad o la del hábito. Este peligro se daría si en lugar de ser consciente o meros receptores de lo que en nosotros pasa, estuviésemos pensando en lo que hacemos o vamos a hacer, es decir, si somos emisores.

Los pintores chinos antes de pintar se retiran a la montaña para contemplar y sentir la naturaleza, dejándola entrar en sí con todas sus bellezas y modalidades, para después trasladarlas al lienzo tal como las sintieron, por eso tienen tanta vida y sentimiento sus cuadros. Este dejar entrar dentro de sí las bellezas exteriores es la primera cualidad del pintor y del poeta.

IV
Emisividad

Bajo este título abarcamos: las imágenes (elementos recibidos por las sensaciones y reproducidos o elaborados por la mente), las ideas abstractas, las asociaciones de ideas, los raciocinios, que emitimos voluntariamente, o que nos son impuestos por el inconsciente. Es una atención más activa, es producir, es trabajar. De ahí la posibilidad de cansancio que varía conforme a la especie de atención.

Atención perfecta o concentración

Cuando seguimos el curso de una idea con exclusión de toda otra, cuando estamos atentos solamente a lo que leemos, estudiamos u oímos, olvidándonos de todo lo demás y de nosotros mismos, el rendimiento intelectual es máximo, el placer natural grande y el cansancio mínimo. Podríamos llamarlo *físico*. Dos horas de esta concentración perfecta se reparan en 5 o 10 minutos de descanso por medio de la receptividad tranquila. Un día de trabajo se repara con una noche de sueño. De este modo se puede trabajar intensamente durante muchos años.

El estudio intenso y ordenado, lejos de debilitar es gimnasia que fortalece al cerebro.

Atención deficiente. —Cuando seguimos una idea con interposición de otra, con distracciones, el rendimiento y satisfacción son menores y el cansancio mayor.

Atención perjudicial. —Cuando seguimos varias ideas[6], por ejemplo, una lectura, una explicación o discurso, y al mismo tiempo no acertamos a desentendernos de otra idea parásita, por ejemplo: preocupación, temor, sensación de cansancio, disgusto, etc., la fatiga es desproporcionada, anormal. Podemos llamarla *psíquica*. Las ideas se graban menos profundamente y se olvidan con más rapidez. Es el trabajo de dos teclas de la máquina de escribir, pulsadas simultáneamente: la máquina se resiente y la escritura queda confusa. Así también nuestro cerebro se fatiga y las ideas se graban menos. En este estado no puede experimentarse satisfacción ni alegría. El cansancio de un cuarto de hora no se repara con otro cuarto de hora de reposo; una noche no basta para rehacerse del desgaste del día. Esta es la causa por qué cansa a veces la visita apresurada a un museo o la lectura nerviosa de un periódico.

Este trabajo, continuado así, acarrea finalmente el "surmenage" o agotamiento cerebral.

Los grandes genios, artistas, inventores, héroes, santos, suelen ser silenciosos, concentrados. La disipación, dispersando las energías, debilita; la concentración, al reunirlas en haz apretado, las aumenta.

La atención imperfecta es a veces responsable de los defectos visuales: miopía o presbicie funcional, pues los nervios de acomodación del ojo, al verse solicitados por una atención dividida o imperfecta, hacen que los músculos que lo ensanchan o acortan para enfocar el objeto se pongan en tensión excesiva y, con el tiempo, pierdan la elasticidad necesaria para acomodar el ojo a la visión.

De ahí que muchos nerviosos, al practicar el "age quod agis" y mejorar su concentración, mejoran también de la vista.

Causas de la atención defectuosa

1ª La debilidad orgánica, o tensión neuromuscular.

2ª La tensión psíquica por problemas afectivos no resueltos, acompañada de tensión muscular y nerviosa.

---

[6] No que en el mismo instante haya varias ideas en el foco de la atención, sino que el cambio a la idea parásita es tan rápido que nos parece que están allí simultáneamente.

3ª La falta de entrenamiento o mala educación de la atención.

4ª (La más frecuente). Falta de interés por el trabajo presente y, por el contrario, excesivo temor o deseo que arrastra el pensamiento en sentido diferente.

Reeducación de la emisividad

Según esto, además del fortalecimiento orgánico contra la debilidad, y de los ejercicios de relajación contra la tensión, la reeducación propiamente tal será doble: una, más mecánica y técnica, y otra, más psíquica.

Para la primera partimos del siguiente:

Fundamento: todos, aun los enfermos psíquicos, pueden concentrar su atención por algún instante. Partiendo de esta posibilidad y graduando los ejercicios de atención podrán llegar a la concentración normal.

Concentración visual externa. —Si al trazar un punto pienso únicamente en él, tendré la concentración de un instante. Si lo prolongo en una recta, sin pensar en otra cosa, conseguiré una concentración de varios segundos. Trazaré, pues, en el aire con el dedo figuras amplias sin solución de continuidad, procurando seguirlas con atención; haciendo, por ejemplo, cinco veces cada una de las figuras siguientes:

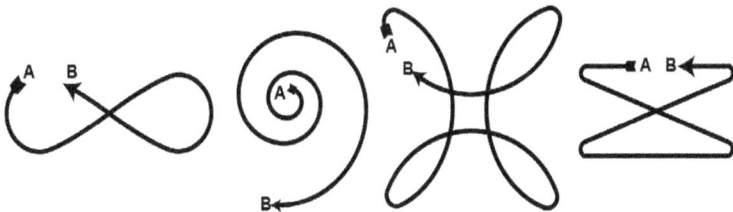

Figura 1

Se me presentó un estudiante quejándose de gran divagación en el estudio sin un foco especial alrededor del cual girasen sus distracciones. Apenas leía media página, ya su pensamiento volaba muy lejos, y cuando volvía en sí, habían pasado muchos minutos. Comenzó a hacer esos ejercicios unos cinco minutos por la mañana, al mediodía, a la tarde y a la noche. A los cuatro días ya los practicaba con naturalidad y sin distracciones. Continuó tres días más con los dibujos siguientes, algo más difíciles y que requieren atención más prolongada.

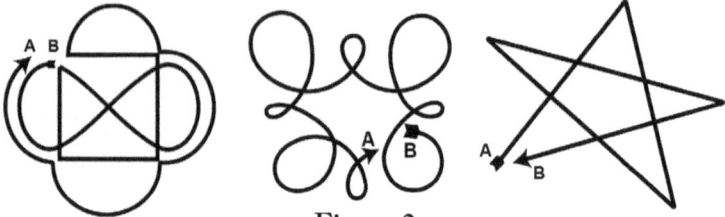

Figura 2

Le enseñé también a trazar en el aire, con amplitud, letras mayúsculas o palabras en que no había solución de continuidad, procurando siempre seguir con tranquila atención a su dedo. Luego hizo estos dibujos con sola la mente sin ayudarse del dedo. A los diez días de esta educación algo artificial, ya podía dejar estas muletas y aplicar su atención al libro que estudiaba, consiguiendo fácilmente resumir párrafos cortos y luego periodos más largos y aun media página, con una sola lectura. En pocas semanas su divagación quedó vencida.

Un hombre de negocios, en víspera de un colapso por el exceso de trabajo y de tensión nerviosa en que vivía, se presentó al doctor George W. Hall, eminente neurólogo. Concluido el reconocimiento, que no acusó lesión orgánica de ningún género, pidió un tratamiento que le permitiese reanudar lo antes posible su ritmo de vida acelerada. El doctor Hall le insinuó que hiciese construir un acuario de peces tropicales en su oficina particular y que todos los días durante una hora se dedicase a observar tranquilamente las lentas y graciosas evoluciones de aquellos animalitos. El paciente cumplió exactamente la receta, y antes de un año envió un donativo al hospital en prenda de gratitud por su curación. Los peces le trazaban los dibujos que aquí recomendamos.

Concentración visual interna. —A veces convendrá detenerse en hacer esos mismos dibujos mentalmente, sin ayuda de la mano, como sobre un tablero y ejercitarse en eso por varios días.

Concentración auditiva. —La señora de Z sentía gran dificultad en atender a discursos o conferencias, y al quererse concentrar se hallaba tan nerviosa y violenta que hubo de abandonar varias veces la sala. El ruido también la desvelaba de noche, y en la oficina o en su casa no podía leer o escribir si otros hablaban o tocaban el piano cerca de ella. Se actuó por varios días en captar voluntariamente diversos ruidos mañana y tarde, luego, en seguir el sonido del reloj, diciendo y oyendo mentalmente, "tic-tac", diez veces sin distraerse; el segundo día llegó a quince y el cuarto a veinte y más veces, sin pensar en otra cosa. No dedicó a este ejercicio más de cinco minutos cada vez, aunque lo hacía ocho veces por día. Obtenida esta concentración auditiva muy satisfactoria, pudo pasar a atender voluntariamente a una lectura o discurso, primero diez, luego quince y más minutos, sin miedos y sin distracciones. Si éstas sobrevenían, su único cuidado era fijar de nuevo la atención en lo que se decía. Al mes estaba curada. Se entrenó también en hacer estos ejercicios en medio del ruido y de las conversaciones extrañas, y al no temer más esas dificultades, ni importársele por las conversaciones de las vecinas, pudo trabajar con paz y dormir.

Concentración en medio del ruido. —Recomendamos esto a las personas que, teniendo que trabajar en medio del bullicio o de música molesta, experimentan muchas distracciones y sienten cansancio. Concéntrense primero por pocos instantes en ese ruido y luego por más tiempo hasta aprender a independizarse y abstraerse de lo que las rodea. Imiten a los niños que pueden atender a su lección sin perturbarse por los gritos de sus compañeros, porque jamás se les ocurre protestar contra ellos. En la aceptación sincera de esta bulla está lo principal del remedio. Es también buen recurso para descansar y dormir a pesar de ruidos o ronquidos.

Concentración sobre una parte del cuerpo. —Por ejemplo sobre una mano. Sentirla como propia, como viva, etc., mientras la mantenemos extendida. Con pocos días de práctica se experimentará en el lugar de la concentración un ligero cosquilleo después de algunos minutos de concentración.

De este modo curaba el doctor Vittoz algunas parálisis de origen psíquico. Por ejemplo: para hacer mover el brazo paralizado, primero hacía que se concentrase el enfermo, sobre algunas partes del mismo, atrayendo sobre ellas de este modo mayor aflujo sanguíneo. Luego hacía que la concentración se fuese deslizando de arriba abajo y viceversa, hasta que por fin volvía la voluntad a imperar en el brazo.

Entrenamiento autógeno. —En esto se basa el método de autorrelajación concentrativa del profesor Schultz que ha tenido tanta aceptación en Alemania. Consiste en concentrar la atención, v. gr., en: "Mi brazo derecho está pesado", imaginándolo así unas 6 veces. Duración máxima un minuto, que se puede repetir, y todo ello dos o tres veces al día. Naturalmente en postura relajada y con los ojos cerrados. Pronto se nota la sensación de peso, que con la repetición, se acentúa más y aparece más rápidamente y se extiende a los dos brazos y piernas produciendo un profundo y restaurador descanso.

Concentración para aumentar el calor. —Por el mismo sistema de concentrarse primero en "mi brazo está pesado" y luego 6 veces en "está caliente" se consigue la relajación vascular y con ella más aflujo de sangre a la piel y consiguientemente más calor en ella. Parece que los habitantes del Tibet usan métodos parecidos desde hace siglos para sobreponerse a los rigores de su invierno.

Concentración contra el dolor. —Por este mismo método podemos dejar de sentir el dolor, v. gr., de una herida. Al concentrar nuestra atención en la parte dolorida, no en el dolor o en sus causas, esta onda voluntaria que va del cerebro a la lesión periférica, parece neutralizar la onda dolorosa de la herida o impedir que llegue al cerebro y sea sentida.

Reeducación más psíquica

La falta de interés por lo que leemos, oímos o hacemos, o la mayor repulsión, atractivo o importancia que concedemos a lo que deseamos o tememos, son los mayores enemigos de la concentración. Las fobias o ideas parásitas, las preocupaciones o pasiones desenfrenadas, son las que más distracciones causan. El remedio consiste ante todo en descubrir ese foco perturbador, y en debilitarlo y aun destruirlo, como explicaremos en el cap. VI.

Al mismo tiempo hay que suscitar el interés y gusto por lo que estudiamos o hacemos, viendo su utilidad, conveniencia y aun facilidad. Y mejor aún, verlo a la luz y al calor del ideal, lo que suscitará el entusiasmo (véase el último capítulo).

Concentración en la lectura. —Fijar la atención en lo que leemos hasta el primer punto. Descansar allí unos instantes con sensaciones conscientes. Leer de nuevo hasta el segundo punto y descansar, y así sucesivamente hasta completar una página, repitiendo este ejercicio tres veces por día. Es un excelente medio de reeducación para los que tienen divagación mental, o los que se cansan con facilidad, y el método indicado para refrenar la demasiada prisa y ansia de terminar la lectura, que tanta fatiga causa. Medios más completos para concentrarse en el estudio, tanto los enfermos como los sanos, se encontrarán en nuestro nuevo libro *"Eficiencia sin fatiga por la atención perfecta"*.

Un juego educativo: echar sobre la mesa un puñado de lentejas o granos de trigo, y luego contarlos ayudándose de un palito y anotar el resultado. Los contrincantes tratarán de hablarle y distraerle. Empiécese por pocos granos o más grandes, y luego con mayor número o con más pequeños. Gana el que cuente más veces con menos errores.

Relajación neuro-muscular. —Decíamos antes que la tensión neuro-muscular suele ser una de las causas de la mala concentración, o bien, es producida por ella. De hecho, a toda actividad mental corresponde otra corporal de los nervios y músculos, y a toda intensidad o desorden en la primera acompaña cierta tensión y fatiga en la segunda.

¿Quién no ha observado la actividad muscular que se exterioriza en las actitudes de la atención? Contención de movimientos, restricción de la respiración, leve inclinación de la cabeza hacia adelante, fijación de los músculos de la cintura escapular, etc. Los papeles llenos de garabatos que suelen quedar en ciertas aulas después de la lección tendrían también esta explicación: muchos necesitan aliviar, mediante estos u otros movimientos, el exceso de tensión con que atienden (liberación kinética).

¡Cuántos nerviosos o tensos se cansan fácilmente si leen o estudian sentados; en cambio, si lo hacen paseándose o moviéndose, pueden resistir mucho más tiempo!

Es que en la primera postura había tal vez tensión muscular; en cambio, al pasear o moverse, se relajan mejor los músculos, entre otros los de la respiración sin contar los momentos de receptividad o descanso.

Otro de los efectos de esa tensión excesiva es cierta tendencia a la sobreactividad, a estar más alerta y a excederse en vivacidad y esfuerzo, subestimando el cansancio hasta que sobreviene la postración.

Existen drogas que mejoran la ansiedad por su acción relajante de los músculos.

El calcio, según el Dr. Hauser, permite un máximo relajamiento nervioso. Todos necesitamos de él por lo menos un gramo al día.[7]

Práctica. —Quien note en sí tal tensión, no descuide la técnica relajadora soltando bien los músculos de la frente (sin fruncimientos ni arrugas), los de la vista (ojos blandos, mirada tranquila y alegre como la del contemplativo), los de la boca (lengua y mandíbulas sueltas y labios con las comisuras hacia arriba), los de las manos y los pies (que estén quietos y flojos y como sintiendo el peso de la gravedad) y sobre todo los de la cintura y el diafragma (que la respiración sea natural, profunda y rítmica).

Los ejercicios rítmicos de los brazos y de las piernas, los de inclinación y revolución del tronco, los que aumentan la flexibilidad de las articulaciones, son los más indicados para vencer la tensión residual que suele permanecer en los músculos hipertensos aun después del reposo y relajación del sueño.

---

[7] *El Régimen lo hace todo*, Editorial Sopena, Argentina 1955, p. 159

Consignemos aquí únicamente que toda esta técnica tendrá menos efecto si persisten en nosotros las causas psíquicas de la tensión, a saber: la inseguridad con sus secuelas de temor y de preocupación, y la compulsión o emulación excesiva causantes del esfuerzo exagerado y de las prisas, y radicadas en una superestimación del Yo, y del éxito.

Como contrapeso a tales tendencias, además de lo que diremos en el capítulo de los sentimientos y emociones, adelantemos aquí los efectos tonificadores y calmantes de la amistad o del amor, los del ideal razonable y los de una fe religiosa con conciencia pura.

El que ante los problemas de cada día no tiene en quien apoyarse y no encuentra en sí ese apoyo, estará intranquilo y tenso. Ese apoyo exterior será para el niño el amor materno, para la esposa el esposo amado, para el joven su amigo fiel o un profesor abnegado o su director espiritual, y para el creyente fervoroso el auxilio de Dios.

El apoyo interno o seguridad propia se verá reforzada al dar seguridad o apoyo a los demás. ¿No vemos con frecuencia viudas que han triunfado en la vida y difundido seguridad y alegría mientras sus hijos eran pequeños; sentirse tristes, inseguras y turbadas al llegar aquéllos a su mayor edad? Demos amor, alegría, ayuda y protección, y aumentaremos nuestra propia seguridad, alegría y paz.

El esfuerzo excesivo y la prisa desaparecen al poner nuestro ideal a salvo de las competencias o asechanzas ajenas y al acomodarlo a nuestras fuerzas y posibilidades (véase el último capítulo de la segunda parte).

Pero aun cuando uno triunfe en la vida y vea seguro su ideal humano, todavía queda en el fondo del ser una fuente de desasosiego y tensión, si, al pensar en el "más allá", no encuentra en una fe religiosa y firme y en una conciencia pura, la respuesta que le tranquilice (véase página 104).

Axioma fundamental

Decíamos al principio que no podemos ser al mismo tiempo plenamente receptores y emisores, tener conciencia nítida de una sensación y en el mismo instante estar pensando en otra cosa; pues al pensar en esta otra cosa dejamos de darnos cuenta nítida de la sensación primera; y viceversa, al recibir con claridad el mundo de fuera no podemos poner atención plena a la idea primitiva. La razón es que, estando el campo de la conciencia totalmente ocupado por la sensación, no hay lugar para el cerebro emisor o pensamiento activo.

La consecuencia consoladora es la posibilidad de descansar y de vencer temporalmente las preocupaciones, tristezas, fobias y pasiones. En efecto, si por una parte el cerebro emisor es el único que nos puede causar fatiga, y, en cambio, el receptor sólo nos produce paz y descanso; si, por otra parte, no podemos al mismo tiempo ser totalmente receptores y emisores, y con un pequeño entrenamiento está siempre en nuestra mano hacernos meros receptores, síguese claramente la posibilidad de conseguir ese descanso y control cerebral por medio de la receptividad y esto aun bajo el influjo de preocupaciones y fobias.

"Por este método vencí la impaciencia en el trato con una persona muy poco simpática. Cada vez que sus palabras o actos irritantes me provocaban a ira, procuraba apartar de ella mi atención ocupándome en observar su psiquismo, sus gestos, su tono de voz o los colores de las cosas que nos rodeaban. Era una especie de coraza psíquica que no dejaba penetrar el explosivo y así conseguía quedar tranquilo y alegre".

Por el mismo sencillísimo medio de tener sensaciones conscientes cuando le venía el mal impulso, se curó por completo un joven impulsivo, iracundo y suicida que ya se había echado del tren en marcha pero sin matarse, y mejoró notablemente otro con obsesiones o impulsos sexuales casi incoercibles.

DEL DOMINIO IMPERFECTO AL CONTROL

Los débiles o enfermos psíquicos, al entregarse al estudio, no tienen concentración verdadera, y en los tiempos en que deberían descansar siguen pensando en sus estudios y negocios o andan enredados en preocupaciones, dudas y tristezas. Aun en el sueño no llegan al reposo completo, pues frecuentemente lo pasan con pesadillas. Emiten mucho más de lo que reciben. Gráficamente se representaría así:

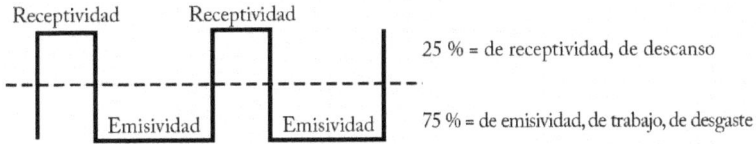

Receptividad   Receptividad

25 % = de receptividad, de descanso

Emisividad   Emisividad   75 % = de emisividad, de trabajo, de desgaste

Figura 3

Por el trabajo *concentrado* a sus tiempos, y por las sensaciones o vida conscientes en los demás, evitarán este desorden consiguiendo el equilibrio de las personas psíquicamente normales. Estas, en los momentos de concentración o de estudio, sólo piensan en lo que hacen, olvidándose de todo lo demás, y en los otros momentos, o tienen sensaciones conscientes, o pensamientos agradables, espontáneos, más pasivos que activos; de este modo el tiempo de descanso o de sensaciones es proporcionado al tiempo de trabajo o de concentración. Gráficamente:

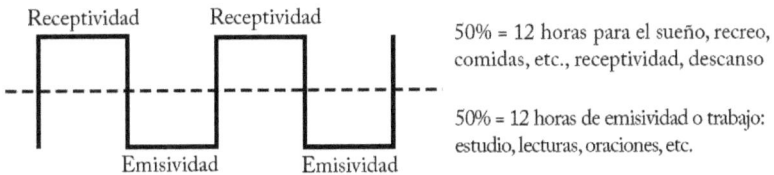

Receptividad   Receptividad

50% = 12 horas para el sueño, recreo, comidas, etc., receptividad, descanso

50% = 12 horas de emisividad o trabajo: estudio, lecturas, oraciones, etc.

Emisividad   Emisividad

Figura 4

Control cerebral

Debemos llegar a tal dominio de nuestras facultades que podamos pasar rápidamente del trabajo al descanso, de nuestro mundo interior al exterior, de la concentración a la sensación y viceversa, modificando el gráfico A en B:

49

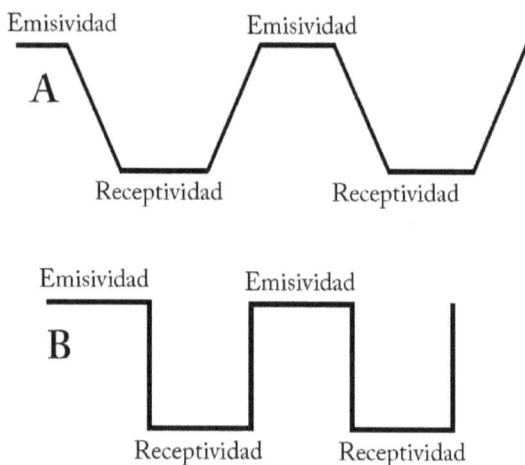

Figura 5

En "A", el paso del trabajo al descanso se realiza con periodos de agitación intermedia, con fluctuaciones de trabajo.

En "B" el tránsito de la concentración a la sensación es rápido e inmediato, sin fluctuaciones ni intermedios.

Para conseguir este dominio ayudará pasar mentalmente la manecita del reloj de una hora a otra intercalando sensaciones conscientes después de la concentración en cada hora.

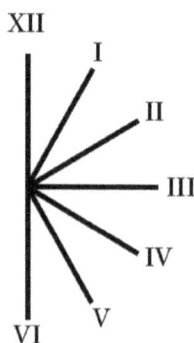

Figura 6

Práctica. —Digo "las doce" e imagino la manecita en las doce, concentrando allí mi atención; descanso entonces con una o varias sensaciones. En seguida digo "la una" y paso mentalmente la manecilla de las XII a la I, concentrándome y descansando como en la anterior. Recorro de este modo medio reloj en uno o dos minutos de *concentración intermitente*. Hágase este ejercicio tres veces por día. Este dominio de sus pensamientos es el fundamento de la grandeza humana de Napoleón Bonaparte. Cuando se ocupaba de un asunto se concentraba tan perfectamente en él que se olvidaba de todo lo demás, y al tratar de otro negocio o al descansar, dejaba totalmente los anteriores; así lograba trabajar 16 o 18 horas diarias.

Consejo utilísimo. —Para que todos estos ejercicios vayan produciendo el hábito saludable del descanso, de la vida consciente y de la concentración, que atacan directamente a la vaguedad, anarquía y desorden psíquicos del enfermo, es preciso que se hagan con método y constancia, dedicándoles varias veces por día unos cuantos minutos libres de toda otra ocupación. Sin haberlos puesto en práctica difícilmente se comprenderá la utilidad de esta parte del libro.

Proverbio Chino

Un camino... si no lo andas, nunca llegas.
Un negocio... si no lo atiendes, no prospera.
Un hombre... si no lo educas, no mejora.
Una campana... si no la tocas, no suena.

Y este libro... si no lo practicas, no lo entiendes, añado yo, pues por estar tan condensado y por tener tantos consejos prácticos, no es para leerse de corrida. Hay que estudiarlo y experimentarlo.

Cautela. —Evítese en todos estos ejercicios lo que pudieran tener de negativo o deprimente: que lejos de recordarnos nuestra enfermedad o deficiencia nos ayuden a olvidarlas o a convencernos de que las dominamos, haciéndonos gozar más del presente y del mundo real y sintiéndonos más libres y más dueños de nosotros mismos. Hay que hacerlos pues, con alegría, como un deporte mental, sin preocupación ni ansiedad y sin darles mayor alcance del que tienen: son una gimnasia del espíritu o unos juegos educativos.

Concentración máxima normal de nuestro cerebro

La concentración tranquila, fijándose nítidamente en una sensación o idea, sin repetir el impulso de atender, será de pocos segundos a un minuto. En cambio, el seguir con paz el desarrollo sucesivo de sensaciones o raciocinios puede prolongarse muchos minutos y, si persiste el interés, aun varias horas.

Pero a veces tenemos que hacer esfuerzos por atender. Por ejemplo, el motorista con prisa que tiene que sortear frecuentes obstáculos o curvas difíciles; el estudiante o la mecanógrafa que temen no entender o perder algo de la explicación o del dictado, y todos, cuando creemos que vamos a fracasar o a cansarnos. Para casos semejantes el Dr. Arthus daba como concentración máxima normal 20 minutos.

De ahí no se pasaría sin algo de violencia y desgaste. Es pues conveniente descansar un instante, relajar algo esa atención tensa. Lo que hacemos instintivamente, en nuestro trabajo privado, al pasar la hoja del libro, al respirar hondo, al levantar o mover la cabeza o cambiar de postura. Lo que hacen los oyentes de una conferencia, lección o entrevista difícil, tocándose la barbilla, atusándose el bigote, agitando el lápiz o los dedos o pintando monigotes. No es eso falta de atención, sino necesidad de dar un escape, mediante el movimiento, a la excesiva tensión.

De ahí la utilidad de interrumpir la lectura cuando estamos tensos, después de 20-30 minutos, con algunos instantes de descanso, con algunas sensaciones conscientes. De ahí también la necesidad pedagógica en lecciones o conferencias, principalmente si se habla a niños, de relajar la atención del auditorio con una digresión, una anécdota o un chiste. Si no concedemos al oyente este descanso, él lo tomará por sí mismo, perdiendo tal vez el hilo del discurso.

Podemos, pues, descansar y gozar por la atención receptora tranquila, recibiendo las bellezas de la creación mediante las sensaciones conscientes. Podemos concentrarnos en ideas alegres, en pensamientos reconfortantes, en ideas sublimes. Estamos poniendo la base de la felicidad y de la eficiencia.

En nuestro libro *"Eficiencia sin fatiga por la atención perfecta"*, explicamos con amplitud los elementos psíquicos y somáticos de esa atención.

MENTE { **RECEPTORA** / **EMISORA** }

RECEPTORA:

- **Qué es** { Recibir sensaciones en la conciencia. / Atención casi pasiva. }
- **Efectos** { Paz, descanso, tónico, alegría. }
- **Reeducación** { Sensaciones conscientes: visuales, auditivas, táctiles. / Actos conscientes: "Haz lo que haces". }

EMISORA:

- **Qué es** { Emitir imágenes, raciocinios. / Atención activa, creadora. }
- **Eficiente** { Concentración en una sola idea. / Cansancio "físico" mínimo, rendimiento máximo. }
- **Deficiente** { Atención con distracciones. / Cansancio mayor, rendimiento menor. }
- **Perjudicial**
  - Con ideas parásitas { Cansancio máximo. / Rendimiento mínimo. }
  - Efectos perniciosos en la vista.
  - Causas: deseos o temores excesivos.
- **Reeducación**
  - Técnica { Concentración visual. / Concentración auditiva, táctil. / Concentración en una parte del cuerpo. }
  - Psíquica { Concentración al leer. / Quitar preocupaciones. / Suscitar interés. }
  - Relajación neuro-muscular.
- **Axioma fundamental** { Simultáneamente no es emisora y receptora; / Consecuencia: poder descansar y controlarse. }

Del dominio imperfecto al control. Concentración máxima normal. { Equilibrio por la transición rápida y por el dominio de sí mismo.

V

VOLUNTAD

"Quiero" es la palabra más rara del mundo,
aunque la más usada. El que llega a encontrar el terrible
secreto del querer, aunque hoy sea pobre y el último,
pronto aventajará a los demás.

– Lacordaire

Definición

La voluntad es un apetito racional que tiende hacia el bien tan pronto como el entendimiento lo percibe como tal. Es el poder ejecutivo de nuestra personalidad por el que pretendemos y escogemos determinados fines y medios. Acomodándola a la reeducación se la puede describir, con el Dr. Arthus, como una energía propia del "yo" que nos permite organizar libremente la representación de un acto y pasar libremente a su ejecución. Es la mayor de nuestras energías psíquicas, la que, bien encauzada, nos llevará más rápidamente a la salud y eficiencia. Se acumula en la deliberación y se descarga en la decisión. Es distinta de los actos. Es libre, activa e inteligente. Existe en potencia también en los neurasténicos y abúlicos, aunque no es utilizada.

Actos ineficaces de voluntad

Mero deseo. —Es pasivo, necesario. Basta que se presente un objeto o un acto bueno, para que la voluntad se incline hacia él, lo desee.

Intención de... —Es tendencia para hacer algo. No es aún el querer, sino el proyecto o ensayo de querer.

Impulso. —Es un determinarse por fuerzas o circunstancias externas. Es indeliberado, instintivo. Es una gran fuerza, pero anárquica.

Veleidad. —Es la ausencia del sentimiento de personalidad. Es un "quisiera", pero no un "quiero".

Actos eficaces

Llamamos así a los que lo son verdaderamente y nos llevan a la ejecución; a los que dejan la persuasión y el sentimiento íntimo de que provienen de nuestra libre voluntad; a los que considerados en sus requisitos somáticos[8] parecen no efectuarse sino como apoyándonos en los pulmones llenos de aire y no en la inspiración, y van acompañados de contracción muscular y de aceleración en la circulación, produciendo reacciones neuromusculares perceptibles al tacto adiestrado.

Este es el acto verdaderamente educativo, y el que más rápidamente trae la curación y el perfeccionamiento de la personalidad. Es el esfuerzo de la voluntad; es la "determinación deliberada" de san Ignacio de Loyola.

El Dr. Vittoz[9] lo describe así, según lo que sentía en su mano puesta suavemente en la frente del enfermo:

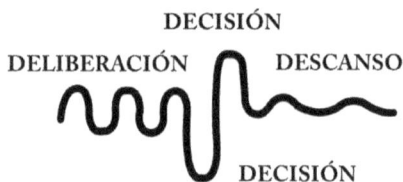

DECISIÓN

DELIBERACIÓN   DESCANSO

DECISIÓN

---

[8] Somáticos = corporales.

[9] VITTOZ, ROGER, *Traitement des psychonévroses par la rééducation du controle cérébral*, Librairie J. B. Bailliére. París, p. 43.

Primero, dice, se sienten las "pulsaciones" de la deliberación, iguales a las de la concentración perfecta; luego uno o varios golpes más fuertes correspondientes a la decisión o descarga volitiva y, finalmente, el ritmo suave del descanso.

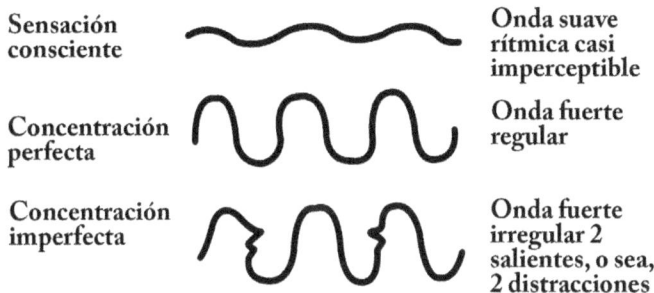

Sensación consciente		**Onda suave rítmica casi imperceptible**
Concentración perfecta		**Onda fuerte regular**
Concentración imperfecta		**Onda fuerte irregular 2 salientes, o sea, 2 distracciones**

Pulsación cerebral: el Dr. Vittoz y sus discípulos están acordes en afirmar que percibían por el tacto afinado lo que ellos llamaron "vibraciones cerebrales" para distinguirlas de las pulsaciones ordinarias. Les servían como control externo de los actos psíquicos del enfermo.

Para los que quieran hacer la experiencia, he aquí cómo proceder, dice el Dr. Vittoz: pide a uno que siga atentamente el tic-tac del metrónomo o; mejor, que lo repita mentalmente. Pon tu mano en su frente. Percibirás un pequeño chaque o vibración a la derecha y a la izquierda, correspondiendo al tic-tac. Si aumentas la velocidad del metrónomo, la vibración será más rápida. Si la disminuyes, también ésta disminuirá. Si la persona se distrae, no habrá vibraciones.

Vese por estos gráficos, que sólo dan la impresión general de la onda prescindiendo de sus detalles, primeramente que la sensación consciente es actividad tonificadora de nuestro psiquismo y produce descanso.

Segundo, que la emisividad deficiente o trabajo con distracciones o con ideas parásitas perturba, cansa y debilita.

Finalmente, aparece bien claro en la curva de la voluntad que la decisión produce paz y descanso, y por el contrario, la indecisión es fuente de cansancio pues el cerebro está sobrecargándose de energías que no encuentran salida.

Prepararse para querer de veras

Para realizar con perfección el acto más noble del ser humano convendría antes quitar los obstáculos de cuerpo y alma.

Del cuerpo:

Crispación de nervios: calmarlos. Tensión de músculos: aflojarlos. Respiración alborotada: que sea lenta y profunda.

Del alma:

Indiferencia afectiva: no inclinado a lo malo. Positiva adhesión a lo bueno[10].

Requisitos psíquicos

1) Concretar el acto. —Poder representarse claramente lo que se va a hacer, concentrando la atención sobre esa idea. Cuanto más sensible, detallada y viva sea esta imagen, tanto más fuerza tendrá. La falta de este requisito es la primera fuente de abulia y de incapacidad de actos voluntarios en los psicasténicos. Les cuesta detener el río de sus ideas; su cerebro emisor no les obedece enteramente: no tienen facilidad para concentrarse en lo que van a hacer.

Para concretar bien el objeto, respondan a las preguntas: ¿De qué se trata? ¿Cuándo se hará? ¿Cómo? Considerando también las demás condiciones para la ejecución. Lo mejor sería verse, como en una cinta cinematográfica, actuando en concreto. La más noble de nuestras facultades no se pone en movimiento cuando ignora hacia dónde va. Por falta de esta precisión, muchos pretendidos propósitos no pasan de deseo o veleidad; no hubo en ellos descarga psíquica. He aquí la primera causa de la ineficiencia en lo que creímos propósitos. Eran movimientos de voluntad poco concretos.

---

[10] Parecido prenotando convendría poner a los ejercicios recomendados en este manual práctico, máxime para controlar las emociones.

2) Sentir su posibilidad. —La "reina" de nuestras facultades es por demás consciente de su dignidad para lanzarse advertidamente a un fracaso. No hará un esfuerzo que presiente va a resultar estéril. Concretado, pues, el acto, me examinaré si la energía que poseo equivale a la energía requerida por el acto. Hay que sentir esta posibilidad a la manera de un atleta que siente en sí la fuerza muscular necesaria para realizar un ejercicio.

3) Poseer algún motivo. —Nuestra voluntad está naturalmente inclinada al bien y no se lanzará al acto mientras el entendimiento no se lo presente como bueno. Debemos, pues, percibir los valores, los bienes como posibles, que ésos son los motivos del acto. Para obtener el esfuerzo de la voluntad tales valores deben ser:

Valores objetivos: bienes en sí intrínsecamente tales. Cuanto más verdadero, duradero y transcendental sea el bien, más atraerá a la voluntad.

Acomodados a la capacidad del individuo. En los niños, que aún no tienen ideas abstractas, han de ser bienes sensibles y concretos; en los adultos, bienes más espirituales y universales.

Subjetivos: es decir, percibidos como bienes por nosotros.

Sentidos o cargados de afectividad: que el bien percibido no esté sólo en la esfera del entendimiento sino que llegue al corazón, que interese a todo el ser.

Actuados o recordados: esto es, valores puestos en acción al momento de decidir y de ejecutar.

Para la práctica y ulteriores explicaciones véase el capítulo X, "Utilizar la voluntad".

4) Sinceridad en el querer. —Es la condición que falta con más frecuencia, ocasionando la mayor parte de los fracasos de la voluntad. Consiste en determinarse de veras. Es la decisión que convierte el proyecto en realidad presente o futura. Es dar la victoria a *una* idea práctica, excluyendo la opuesta o las demás como imposibles para sí. Por esta sinceridad sentimos que el "sí" o el "no" es verdadero, efectivo, cierto. Nos deja la convicción de que el objeto del acto volitivo se realizará. Hemos transformado una idea en acción. El drama del querer se desarrolla en la conciencia y termina cuando la idea, práctica, escogida por el "yo", quedó constituida reina del campo de la conciencia.

La causa profunda de nuestra debilidad e impotencia está en la flaqueza de nuestro querer. Cuando se quiere de veras, brotan fuerzas insospechadas aun de organismos débiles.

EJECUCIÓN

Realizar un acto voluntario es transformar una idea en acción.

La decisión introduce en la conciencia una fuerza grande que lleva naturalmente al acto. Si éste es inmediatamente realizable, luego se verifica, sin nueva intervención de la conciencia.

Si la ejecución es para más tarde, la orden será transmitida y las reservas de energía quedarán preparadas en la subconsciencia para, en el momento previsto, obrar automáticamente, a menos que intervenga una contraorden u obstáculos imprevistos.

Por ejemplo: decido ir después del almuerzo a visitar a un amigo. De hecho, sin nuevo acto consciente, me levantaré, saldré a la calle, e iré hasta su casa.

Personas hay que, habiendo resuelto despertar a una hora determinada, la subconsciencia, que no duerme, las despierta en la hora precisa. Pero, si existió preocupación, ésta lo hace antes de la hora.

Avisos importantes. 1) Siendo la decisión la aceptación de una idea práctica, como necesaria para mí, y la exclusión de la opuesta como imposible, nunca debemos discutirla en el momento de la ejecución (pues eso equivaldría a anularla), sino que debe ser ejecutada ciegamente, v. gr.: decido levantarme al primer toque del despertador. Al oírlo, nunca discutiré, ni pensaré si estoy cansado, o si aún es temprano, etc., sino que me incorporaré y saltaré inmediatamente de la cama.

2) Si la ejecución es costosa o repugnante para nuestros instintos, como el presentar excusas a una persona ofendida, será bien, en el tiempo que media entre la decisión y la ejecución, *no pensar en lo que voy a hacer*, sino en las consecuencias buenas previstas.

3) Si la decisión es de evitar una acción hacia la cual nos atrae el instinto, v. gr. un placer ilícito, sería mejor apartar de ella el pensamiento (ya que toda idea tiende al acto) y si forzosamente hubiéramos de pensar, que no sea en concreto (ya que la idea, cuanto más concreta y encarnada, mueve más); consideremos únicamente la parte repulsiva del acto, las ocasiones que hay que evitar, o sus consecuencias penosas.

Este es el medio para hacer con facilidad actos subjetivamente heroicos: una vez decidido el acto a la luz y al calor del ideal o de algún motivo principal, en el intermedio hasta la ejecución, no pensar en dicho acto, ni en los motivos contrarios que se presentarán atraídos por la repugnancia inconsciente.

En resumen, no debemos pensar en el acto más que el tiempo necesario para decidir y, llegado el momento, ejecutarlo como algo que se impone por sí mismo, algo que, porque lo quisimos, es imposible dejar de hacer.

4) Cuando decidimos algún acto sobrenatural, como recibir sacramentos, orar, hacer apostolado, etc., además de los medios humanos, necesitamos la ayuda de Dios, quien nunca la niega al que se la pide confiadamente.

Para que la "reina" de nuestras facultades actúe lo mejor posible, sigamos estos consejos:

Al sentir un impulso: dejar siempre un intervalo entre éste y la ejecución (un tiempo para deliberar).

Antes de decidir, preguntarse: "¿Qué es lo que quiero...?" (concretar). "¿Por qué motivos...? (especificarlos).

Al decidirse, contestar: "Lo quiero de veras". "¡Se hará!" (voluntad firme y concreta, precedida y acompañada del sentimiento de posibilidad).

Después, afianzarse: "Puesto que lo quiero, imposible ya dejar de hacerlo", excluir toda posibilidad de lo contrario y lanzarse ciegamente a la ejecución.

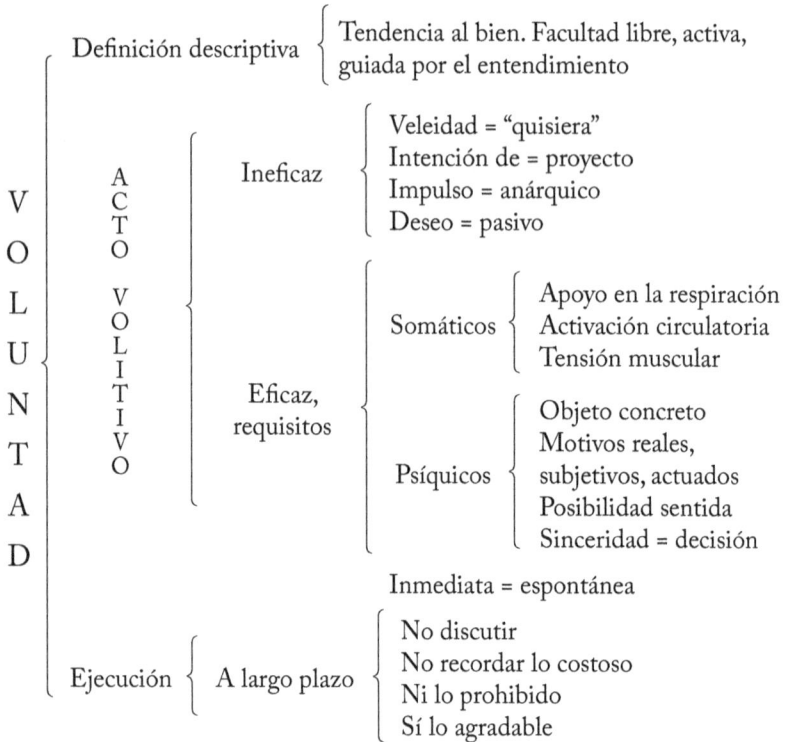

Definición descriptiva { Tendencia al bien. Facultad libre, activa, guiada por el entendimiento

VOLUNTAD

ACTO VOLITIVO

Ineficaz {
Veleidad = "quisiera"
Intención de = proyecto
Impulso = anárquico
Deseo = pasivo
}

Eficaz, requisitos {

Somáticos {
Apoyo en la respiración
Activación circulatoria
Tensión muscular
}

Psíquicos {
Objeto concreto
Motivos reales, subjetivos, actuados
Posibilidad sentida
Sinceridad = decisión
}

}

Ejecución {

Inmediata = espontánea

A largo plazo {
No discutir
No recordar lo costoso
Ni lo prohibido
Sí lo agradable
}

}

VI

SENTIMIENTOS Y EMOCIONES

*Si el error intelectual lleva a muchos al precipicio del mal
y de la desgracia, la afectividad desenfrenada es, sobre todo,
responsable de las tragedias psíquicas.*

Las sensaciones o experiencias externas o internas, afectan a una gran parte sensible de nuestro organismo. Las imágenes o ideas meramente especulativas interesan al entendimiento; las decisiones, a la voluntad. Son reacciones parciales del ser humano y pasan sin más consecuencias al archivo de nuestra memoria. Pero hay experiencias, ideas y recuerdos con cargas afectivas de temor o de esperanza, de alegría o tristeza, de odio, ira, amor, etc., que afectan a todo el ser; que no pasan tan pronto; que parecen incrustarse en nuestro cuerpo y tienden a continuar en nuestra alma, influenciando nuestra personalidad. Son los sentimientos y emociones en los que vibran nuestros nervios y todo nuestro ser ante la felicidad o su ausencia: emociones positivas ante la dicha real o imaginaria; emociones negativas, ante la desdicha.

En los sentimientos, la reacción es suave conservando nuestro ritmo y normalidad fisiológica. Pero en las situaciones de emergencia surge la emoción que modifica ese ritmo y activa la fuerza muscular y hormonal. Esta vibración total es necesaria al normal desarrollo y al funcionamiento equilibrado del organismo y del psiquismo. Sin suficiente amor, seguridad y alegría, el niño crece defectuoso o anormal. Cuando en la infancia ha faltado ente alimento emocional aparecerá más tarde un joven inadaptado social, con frialdad e insatisfacción afectiva, con exagerada tendencia al odio o tristeza, o bien un tímido, apocado o indeciso, o un pesimista y frustrado; lo mismo que una infancia desnutrida produce un candidato a la tuberculosis. Si el remedio de éstos es una sobrealimentación prolongada, también una sobrealimentación prolongada de emociones positivas ayudará a volver a la normalidad a los primeros.

Por otro lado, el exceso en intensidad y en duración de las emociones negativas, como ira, temor y tristeza, puede dejar al psiquismo muy condicionado o inclinado al disgusto, inseguridad y frustración, máxime cuando las tuvo que sufrir en la infancia con un cuerpo y un alma mal preparados para sobrellevar esa lucha.

En este manual práctico, dejando aparte el laberinto de teorías, definiciones y clasificaciones de la afectividad, lo que nos interesa ante todo es distinguir entre ocasión y predisposición por una parte y causa de la emoción por otra, para saberla encauzar y gobernar; y segundo, conocer su influjo en el cansancio mental, en las perturbaciones psíquicas y en los disturbios psicosomáticos que constituyen hoy el 65% de las enfermedades de la humanidad.

MAQUINARIA EMOCIONAL
OCASIÓN - DISPOSICIÓN - CAUSA - EFECTOS

Ocasión

Cualquier acontecimiento puede ser ocasión de emociones, v. gr., la vista de un relámpago o de una fiera suelta, el rugido de la tempestad o del león, los insultos del adversario, la muerte de un ser querido, un dolor, enfermedad, o fracaso, o el recuerdo vivo de un gran peligro o humillación. Todo esto puede dar pie al temor, ira o tristeza.

Del mismo modo la presencia de la persona querida, sus palabras de aliento, sus dones preciosos serán ocasión de amor, seguridad y alegría.

Disposición

El humor o estado de ánimo A) pasajero o B) persistente va a influir muchísimo en nuestras reacciones emocionales.

A) Humor pasajero. —Estoy eufórico, optimista, de "buen humor", decimos a veces, y entonces tendemos a interpretarlo todo con aliento y gozo. Los rayos del sol, los colores del campo, nos dan alegría. Saludamos con efusión a los extraños. Quitamos importancia a las ocasiones de enojo. Este humor o tono sentimental es variable, suele persistir por algún tiempo, y empieza y termina casi siempre sin que lo advirtamos.

Predisponentes de un "mal humor" pueden ser una fatiga muscular prolongada, un malestar digestivo o circulatorio, o condiciones externas como clima, ocupación, morada, v. gr., estar en una habitación cerrada, estrecha y oscura. Por el contrario, la morada amplia, limpia y soleada y el perfecto funcionamiento o mejoría de los órganos y sobre todo los acontecimientos prósperos nos inducen a un "buen humor".

B) Humor persistente. —Este puede coincidir a veces con la causa inconsciente de la emoción. Un niño que creció feliz con el convencimiento ingenuo de que sus padres lo sabían todo, decían la verdad y eran buenos, a los 13 años descubrió maldad y engaño en ellos y en otros adultos. La decepción sufrida fue tal que por varios años le quedó, aun en el seminario, cierta agresividad y malquerencia hacia los demás como quien siente que todos son malos. Pero ese mal humor e inclinación inconsciente a la ira desaparecieron cuando oyó hablar de los 3 conocimientos del hombre 1°) el conocimiento ingenuo del niño: que a todos juzga buenos y sabios; 2°) el del adolescente tras las primeras decepciones: que de todos se guarda por creerlos malos, y 3°) el conocimiento maduro del adulto: al descubrir que en todos se mezcla lo bueno con imperfecciones, y sobre todo el conocimiento perfectísimo que de nosotros tiene la Sabiduría Infinita que nos ve y nos ama a pesar de nuestros defectos como hijos adoptivos suyos, redimidos con la sangre preciosísima de su Hijo natural, Jesucristo.

Tendrá humor pesimista e inclinación a temer quien en los fracasos o temores de la infancia o adolescencia, no oyó palabra de aliento ni tuvo pensamientos o actos de valor, o el que por una educación muy proteccionista o muy severa, no tuvo suficiente expresión de su personalidad, ni enfrentó peligros, ni tomó decisiones importantes, etc.

El que se creyó perseguido o fue educado sin amor ni alegría tenderá al odio, descontento y tristeza. O también el que, acostumbrado a mimos excesivos, al fallarle éstos, siente como si le faltase algo esencial para su felicidad.

El humor afectivo, con causas frecuentemente inconscientes, hace que estemos como sintonizados para la ira o el amor, para la tristeza o la alegría, e influye, junto con el temperamento, en los pensamientos que vendrán espontáneos a la mente en presencia del acontecimiento, y que serán la causa de nuestras emociones.

Así que los sucesos externos transmitidos por los sentidos a la corteza cerebral, o algún síntoma interno, o cualquier sufrimiento pasado, traído por el recuerdo, no son los causantes sino sólo la ocasión de la emoción.

Causa de la Emoción.

La causa eficiente es el Yo: es la manera cómo cada uno de nosotros piensa al relacionar el acontecimiento con su felicidad, simbolizada, para unos, en su comodidad, salud, riqueza o antojos: para otros, en su ideal, virtud, honor, Dios; y para todos en nuestra vida temporal o eterna.

Emoción razonable. Este Yo que relaciona y piensa es a veces la razón y entonces nuestra emoción será razonable y útil, como el temor que nos detiene ante la luz roja del tráfico, como la ira de Cristo contra los que profanaban el Templo.

Emoción dañosa. Si es la imaginación, exaltada por la pasión, o por el humor o el instinto, la que analiza el suceso, entonces nuestra ira o temor serán exagerados y dañosos. De estas emociones descontroladas decimos que destruyen la salud y felicidad del género humano y se producen de tres manera principales:

Emociones negativas básicas. Si nos parece que el acontecimiento corta el camino a nuestro bienestar a manera de obstáculo superable, tendemos a destruirlo: es la ira. Si vemos en él un peligro, es decir, una fuerza mayor que no podemos superar, procuramos evitarlo y huimos: es el temor. Y cuando nos parece que es una pérdida tenemos el decaimiento de la tristeza. En estas tres emociones la felicidad tiene signo negativo: está con obstáculo, peligro o pérdida. Por eso las llamamos negativas.

Emociones positivas. Pero hay otras emociones positivas como el amor, la seguridad o confianza y la alegría en que la dicha tiene signo positivo. Por ellas nos abrazamos con la felicidad, la aseguramos, la gozamos. La reacción que nos producen es: euforia, claridad mental, distensión muscular y actividad de los cambios nutritivos y de las defensas orgánicas contra la enfermedad. De éstas, decimos que aumentan nuestra salud y longevidad. En cambio, las negativas las acortan y destruyen.

Así que no son los acontecimientos los que causan nuestra ira, temor o tristeza, sino el pensamiento que en nosotros se suscita y que no dominamos; y por la misma razón no son los sucesos prósperos o adversos los que causan nuestra felicidad o desdicha, sino nuestras ideas. Si tenemos pensamientos alegres, seremos felices aun en medio del dolor: los mártires los tenían y cantaban alegres en los tormentos. Si los tenemos tristes seremos desgraciados aun nadando en la abundancia, como aquellos 80 millonarios suicidas en un solo año.

Causas conscientes e inconscientes. Los pensamientos conscientes, causantes de la ira, se reducen a tres grupos:

1º) "Yo", que soy tan noble, bueno, sabio... no puedo tolerar este trato". "Mi" parecer y querer deben ser respetados. Aquí la raíz de la ira es la soberbia y ésta puede tener un origen más o menos inconsciente: como si desde pequeños nos inculcaron la superioridad de nuestra raza o familia o nos dejaron salir con nuestros caprichos.

2°) "Él, ella, ellos son injustos, malos, me tienen mala voluntad".

Aquí la raíz está en la falta de aprecio al prójimo por el desconocimiento de sus cualidades o por la exagerada visión de sus defectos.

Como causa inconsciente puede influir el estar amargado por injusticia y malos tratos desde la infancia, o haber quedado decepcionado, o haber extendido o transferido la ira de la persona o causa que la produjo a otra que se le parece o que le acompaña.

3°) "Ello, el acontecimiento, el sufrimiento, es intolerable". La disposición para pensar así depende del poco aprecio por el dolor o de la cobardía para sobrellevarlo.

Una educación muelle, voluntariosa o llena de mimos, podría influir como causa inconsciente, lo mismo que alguno de los mecanismos del subconsciente activo como, por ejemplo, la compensación.

¿No vemos con frecuencia, cuando el marido sufre de complejo de inferioridad en su trabajo o negocio, que vuelve a casa bravucón, maltratando a la señora y a los hijos?

En el temor, la *idea consciente* que lo produce será: "Un peligro amenaza a mi fortuna, comodidad, vida, honra, o a las de los míos". Y cuanto más grave, inminente o inevitable se nos presenta el peligro, mayor será la inhibición y conmoción que va a producir.

También abundan las causas inconscientes como la represión, transferencia o extensión, etc.

La causa consciente de la tristeza es la idea de pérdida o frustración. Esta puede estar latente desde una infancia transcurrida sin afecto ni alegría, o ser causada por un perfeccionismo o ambición exagerada y nunca satisfecha, etc.

Desarrollo de la emoción negativa

Esos acontecimientos o estímulos llegan por los sentidos o por la memoria hasta la corteza cerebral y si estamos atentos serán analizados serenamente por la razón o matizados por nuestro estado de ánimo, serán interpretados sin discurrir por la alborotada imaginación relacionándolos con nuestra felicidad.

Si hay en ellos, o creemos que hay, algo contra nuestro bienestar o sus símbolos, aparecen en nosotros claramente, o quedan latentes pero activos, esos pensamientos expuestos arriba y que son los causantes de la emoción.

Cualquiera de ellos, o un recuerdo o imagen mental equivalente, es como una señal de alarma que llega al hipotálamo (en la base del cerebro), pidiendo que toda la fuerza emocional se libere para proteger nuestra dicha. El hipotálamo, que es como la "sala de máquinas" de la emoción, responde al instante lanzando a la lucha al sistema nervioso vegetativo y por él pone inmediatamente los músculos en tensión (actitud de lucha), y si la emoción fue intensa, pone también en sobreactividad a las glándulas de secreción interna, modificando la química del organismo. El tiroides, glándula de la emotividad e irritabilidad nerviosa, aumentará su energía, y la hipófisis reforzará las defensas y regulará a las otras glándulas.

Efectos orgánicos

Si esta tensión y estos cambios químicos fueron muy intensos y sobre todo si se repiten o prolongan demasiado, pueden afectar a todo el organismo o a partes más débiles y pueden producir enfermedades y dolores funcionales psicosomáticos: somáticos porque afectan al cuerpo (soma) y psíquicos por estar producidos por las ideas y sentimientos (psique).

Si la tensión se localiza en los vasos sanguíneos, al contraerse su envoltura muscular por el temor, palidecemos. Otras emociones, por el contrario, los dilatan y nos ruborizamos. Al estrecharse o dilatarse fuertemente en la cabeza las arterias de mediano grosor, producen el 80% de las cefaleas o dolores de cabeza.

La ansiedad por ver mejor o más aprisa produce tensión en los músculos de acomodación del ojo y con ello gran parte de las hipermetropías o defectos funcionales de la visión. Habría que acostumbrarse a la visión pasiva[11] es decir, dejar que los objetos o letras entren en nosotros, sin tratar de buscarlos ansiosamente.

La tensión en la faringe produce el 95% del "bolo histérico" con dificultad de tragar y de respirar. En el cuello, el 75% de los dolores de la nuca.

En los pulmones, sofocamiento e hiperventilación y aun vahídos o mareos, pues entonces perdemos mucho dióxido de carbono

---

[11] Véase mayor explicación en nuestro libro: "*Eficiencia sin fatiga...*", IV parte.

y no conseguimos suficiente oxígeno. Músculos (ojos). En el corazón, la mayoría de las taquicardias o de las palpitaciones fuertes, que suelen venir por vía emotiva.

Después del corazón y de los pulmones, tal vez es el tubo digestivo el más afectado por las emociones. Un examen, en el hospital general de Massachusets, dio el siguiente resultado entre los enfermos de colitis: 96% abrigaban motivos de sentimiento; 75% vivían abatidos; 68% en tortura de remordimiento. La onda amarga del odio o de la tristeza iba a verterse en sus intestinos.

En una mitad de diabéticos y cardiópatas[12] examinados, se encontró el influjo emotivo como causante o acompañante. Muchas hipertensiones arteriales, sin rastro de causa orgánica, se aligeran mejorando el espíritu.

¡Cuántas veces una mala noticia o un mal humor producen inapetencia, indigestión o vómitos!

Estos, sobre todo, por una humillante imposición no aceptada ni sublimada.

Las famosas clínicas Mayo y Oschner de Estados Unidos atribuyen a las emociones el 74 ó 75 % de sus pacientes gastrointestinales.

Muchas diarreas se deben al temor y apuros, y el 70% del estreñimiento a la tristeza o disgusto sin salida. Soldados americanos en campos de concentración japoneses, ante la frustración e incertidumbre de su suerte, desarrollaron estreñimiento; pero más tarde, al creer que los iban a matar, sufrieron diarrea.

La tensión prolongada produce dolores: en el estómago, como de úlcera; en la parte superior del colon, dolor como de apendicitis, y en la inferior, como de vesícula. El 50% de estos dolores son causados emocionalmente.

Esa tensión en los miembros causa reumatismo muscular o fibrositis, y en la piel neurodermatitis.

---

[12] Enfermos del corazón.

El Dr. Rof Carballo enumera 31 casos de urticaria por sentirse atropellados sin remedio, 27 de eczema cuando se les impide un ideal que añoran, y 10 casos de manos frías o húmedas cuando creen deber actuar o luchar sin saber cómo.

Esto no quiere decir que tales dolores o perturbaciones sean irreales o pura imaginación del paciente, nada de eso. Son enfermedades reales, físicas. El doctor consultado examinará al paciente y tal vez diagnostique que no tiene nada. Tal dictamen significa que los órganos están completamente sanos, pero su funcionamiento quedó perturbado por la emoción. Tiene una enfermedad, no orgánica pero sí funcional, y si no la corrige a tiempo ese mal funcionamiento llegará a afectar también al órgano.

Y cuanto más rica sea nuestra afectividad y más clara nuestra inteligencia, más expuestos estamos a estas enfermedades si no nos controlamos, pues seremos capaces de ver muchos puntos de qué preocuparnos donde los no tan dotados apenas descubrirán ninguno, y nos inclinaremos a cargar con más responsabilidades.

Todo este proceso podría constituir la fase elemental y espontánea de la emoción, desarrollada maravillosamente en fracciones de segundo, sin tiempo para deliberar y por lo tanto, sin responsabilidad moral.[13] La llamamos "elemental" para distinguirla de excitaciones más fuertes que exigen también desde el principio toda la fuerza de las hormonas y para diferenciarla sobre todo de la emoción reforzada cuando la emoción y el pensamiento que la produce se hacen más conscientes.

Emoción reforzada más consciente o "fase hormonal"

La conmoción de los órganos llega a la corteza cerebral. Nos damos cuenta de que nuestros músculos y todo el organismo se preparaban para el ataque o la defensa. Tal vez persiste aún el excitante o su recuerdo. Entonces se pueden dar tres reacciones: de razón, de imaginación y de voluntad. Puede suceder

A) Que dejemos a la razón pensar serenamente sobre el acontecimiento y sobre la perturbación corporal y al descubrir que ésta

---

[13] Hacemos esta distinción de fases por motivo pedagógico, para mayor claridad; pues en la práctica casi siempre andarán juntas.

era innecesaria y el suceso no tan desastroso o que trae otros bienes mayores, la conmoción se calma y vuelve la paz. Así deberíamos reaccionar siempre. Pero, por desgracia, dejamos muchas veces suelta a la imaginación.

B) Y la *imaginación exige:*

1º Atención plena a sus temores, disgustos o tristezas, con ofuscación hacia todo lo demás. Recordemos, por ejemplo, un momento de cólera. Si alguien nos viene a hablar de otro asunto, apenas le prestamos atención. Lo mismo durante una gran preocupación. ¡Qué difícil es entonces concentrarnos en una lectura o conferencia! Es que la emoción exige atención plena a su foco emotivo. Y esta atención plena puede terminar en:

a) *Fijación.* Las impresiones desagradables tienden a grabarse y 'fijarse' en nuestra mente, sin que acertemos a olvidarlas o a desentendernos de ellas. Se grabarán más si les damos importancia y las tememos, como quien lucha con miedo contra los pensamientos impuros o molestos. Se borrarán poco, a poco, si las despreciamos y procedemos prácticamente como si no las tuviésemos. La preocupación es un hilito de miedo que cruza el espíritu. Si no conseguimos secarla a tiempo, abrirá un cauce profundo al cual acabarán por afluir todos nuestros pensamientos. Este verdadero asedio de la mente por el pensamiento molesto es una...

b) *Obsesión.* En ella, el pensamiento sexual o del daño que sufrimos o que vamos a sufrir, etc., no nos deja en paz un momento (a menos de ocuparnos en algo muy importante) y está pugnando continuamente por ocupar el centro de nuestra atención. El escrúpulo es una obsesión de temor. Se vence quitando importancia al peligro eterno que nos imaginamos, convenciéndonos de que, pues es una enfermedad emocional, no puede tener consecuencias de eternidad, y segundo, apartando la mente del pensamiento que lo produce, no queriendo emplearla ni siquiera en salir de la duda, sino despreciándola prácticamente. Pero, como diremos después, algunas obsesiones persistentes pueden tener raíces hondas, inconscientes, y necesitarán la ayuda del especialista.

c) Habrá casi siempre exageración de nuestros males o peligros, llegando a aterrarnos o enfurecernos por cosas baladíes. Si nos hemos sorprendido varias veces en esta exageración, saquemos para toda nuestra vida la lección siguiente: "Veo que tiendo a temer cien males cuando habría sólo que temer uno, y éste pequeño. Por lo tanto, cuando en adelante me sorprenda temiendo así, reaccionaré con alegría, sonrisa y paz, pues ya sé que la causa de temer tanto es subjetiva, y el motivo real es insignificante".

2º La imaginación, interpretando el estímulo, hace más: hace que los sentimientos negativos de tristeza o temor se refuercen y repitan. Y esta repetición es, como insinuábamos antes, la causa principal de las enfermedades psicosomáticas. A veces la enfermedad se instala por una sola experiencia muy fuerte, un trauma psíquico. Un señor cruzaba la vía férrea sin caer en la cuenta de que un tren eléctrico se acercaba. Cuando la acababa de atravesar, el tren pasaba veloz, casi rozándole. La emoción fue tan intensa, que a los diez pasos cayó sin sentido. En el hospital encontraron mucho azúcar en su sangre y le trataron como diabético. Al volver en sí les manifestó que nunca lo había sido, y les contó lo sucedido.

Lo más frecuente es que estas enfermedades vengan por emociones pequeñas, pero continuadas, como lo prueba la siguiente experiencia:

Atan hilos eléctricos a las patas de varias ovejas, y mientras pacen alegremente les hacen sentir la electricidad. Hay un momento de estremecimiento en los animales, unos segundos de interrupción y luego siguen comiendo en paz. Cada cinco minutos se repite el experimento, que dura semanas, sin que los organismos delaten la más ligera anormalidad.

Ahora introducen un elemento emocional en, la experiencia. Suena una campanilla y a los diez segundos pasa la corriente. Las ovejas pronto relacionan el sonido de la campanilla con el choque eléctrico desagradable, y así en cuanto la oyen, dejan de pacer y se ponen en estado de expectativa angustiosa. Pero pasada la corriente vuelven a comer en paz. Han sufrido 10 segundos de emoción negativa. Repetida esta emoción cada cinco minutos por varios días, los animales ya no comen ni se tienen sobre sus patas y finalmente presentan una respiración angustiosa, prenuncio de muerte. Hubo que interrumpir la experiencia.

¿Cuánto descanso emocional necesita el organismo para no sucumbir? ¿O cuánto tiempo de emociones alegres basta para contrarrestar el efecto de las tristes?

Cuando a las ovejas les daban dos o cuatro horas diarias de descanso con pastos agradables, resistían perfectamente el impacto de las emociones del resto del día. Así nosotros, si hacemos de la familia un nido de amor, las emociones negativas de la oficina o del taller quedarán allí contrarrestadas. Si tenemos una vida espiritual sincera, en ella encontraremos el mejor contrapeso a los disgustos y temores. Pues si al orar nos damos cuenta de que tenemos audiencia con nuestro Padre, el infinitamente Sabio, Bueno y Poderoso, esto nos dará largos ratos de plena satisfacción. Y si al cumplir el deber comprendemos que estamos realizando la voluntad de Dios, es decir, el ideal de la Sabiduría Infinita, o lo que es lo mismo, lo más noble y útil que nadie puede realizar, podremos tener horas de plenitud emocional que nos inmunicen contra las enfermedades psicosomáticas.

3° El tercer efecto de la imaginación reforzando la emoción, puede ser que deje grabado en el subconsciente un sentimiento, una tendencia permanente, ya que del sentimiento repetido a la tendencia permanente de inseguridad, tristeza y disgusto, apenas hay fronteras. Quien tenga esta tendencia se encuentra feliz mientras está bien ocupado en algo interesante. Pero cuando su mente queda desocupada, inmediatamente la ocupan pensamientos de inseguridad y tristeza que le quitan la paz y satisfacción.

La formación de esta tendencia, v. gr., de inseguridad, se debe no tanto a los actos de terror o fracaso cuanto a la manera negativa de llevarlos. Si pasado el sobresalto se convence por sí mismo o por medio de sus educadores que no había tanto que temer, nada o casi nada negativo quedará en la subconsciencia. Pero si esas vivencias no han sido contrarrestadas por un pensamiento más maduro, o por actos de valor, quedará un como sedimento de inseguridad, tanto mayor cuanto más intensos y repetidos hayan sido los actos, los sentimientos y aun las imaginaciones de terror (producidas tal vez por películas o cuentos terroríficos nocturnos), sobre todo en la infancia. Y esta tendencia, afianzando la fijación, la exageración u obsesión, nos puede llevar a un desequilibrio duradero, a una neurosis. Vendrá a ser el sol intruso que perturbe nuestro sistema psíquico.

Neurosis. —Nuestro mundo interno se parece al sistema planetario. En torno a la voluntad racional, reina de nuestras facultades, debe gravitar nuestra vida psíquica: sensaciones, impresiones, ideas, raciocinios, actos volitivos deliberados.

Como en el sistema planetario, cuando el sol ejerce su atracción sobre los planetas, reina orden y equilibrio, así también en nosotros, cuando nuestra vida psíquica obedece a nuestra voluntad. Pero si, en la órbita de atracción solar, se interpusiese un astro, que en vez de someterse al sol, ejerciese su atracción sobre los demás astros, surgiría un desequilibrio y desorden tanto mayor cuanto más intensa fuera su fuerza atractiva.

En nuestro mundo interior, ese sol intruso es la emoción fuerte, no contrarrestada o transferida, que se instala en nosotros: será tal vez una fobia o temor infundado que no sabemos dominar, o un escrúpulo o preocupación que nos persigue incesantemente, o una atracción e impulso irresistible, etc. Estos están atrayendo hacia sí continuamente pensamientos, actos, sentimientos. Cuanto más tiempo perduren, más satélites tendrán y más debilitado y perturbado quedará el campo de la voluntad. Quitémosle satélites para debilitarlo, es decir, no pensemos ni actuemos bajo su influjo y, sobre todo, descubramos cómo apareció en nosotros, para destruirlo. Esto no es fácil siempre sin la ayuda del especialista.

C) La *tercera reacción* posible es que la voluntad libre acepte la interpretación del estímulo dada por la imaginación y quiera secundarla ordenando la acción. Como quien cediendo al escrúpulo va de nuevo a confesarse, a pesar de la prohibición de su director. O quien consiente en odiar o atacar a su adversario.

Se comprende que con tantas y tan intensas reacciones irracionales en la corteza cerebral, la nueva estimulación del hipotálamo sea también más fuerte, y si éste, ya a la primera señal de alarma, respondía lanzando a la lucha por la felicidad al sistema nervioso, autónomo, ahora lanzará toda la fuerza inmensa de las glándulas de secreción interna. Pasará la alarma a su vecina, la hipófisis, que controla, directa o indirectamente, a toda la fuerza hormonal del organismo. En la hipófisis se producen o almacenan doce importantes hormonas. Trataremos aquí de solo dos. La adreno-córtico-tropa o ACTH y la somatotropa, STH.

Emociones depresivas y STH. —Cuando agentes externos destructivos, como veneno, infección, calor, frío, invaden el organismo, la hipófisis libera gran cantidad de STH para prepararlo contra el invasor, con anticuerpos, calor, inflamación, etc. Lo mismo hace cuando sobrevienen situaciones o emociones depresivas, como de tristeza, frustración, desesperación, desaliento, indecisión. Este exceso de STH puede producir hipertensión, artritis, asma, cansancio, etc.

El Dr. Sellye, en la Universidad Católica de Montreal fue inyectando STH a animales durante bastante tiempo, y, sometiéndolos luego a fuertes dosis de sal, producía en ellos hipertensión. Pero si en vez de sal les aplicaba frío y humedad a sus coyunturas, aparecían con artritis reumatoide. En cambio, enfermaban de asma si les hacía inhalar algo que perturbase ligeramente sus bronquios.

Respecto a la fatiga, todos tenemos la experiencia de que nos cansamos pronto cuando trabajamos con desaliento, tristeza o desgana, o lo que es lo mismo, con exceso de STH. En cambio, no sentimos fatiga cuando tenemos entusiasmo, alegría, optimismo. Por ejemplo, la madre que trabaja y se desvela por amor a su hijo, no siente el cansancio.

Emociones agresivas y ACTH. —A veces nuestras emociones no son derrotistas o depresivas, sino agresivas, como la del iracundo o rencoroso, la del eterno reformador, descontento de todo y de todos, la del idealista o perfeccionista con una meta por encima de sus posibilidades y con prisas e insatisfacción continuas, la del ambicioso empujado a la superactividad por una competencia desenfrenada.

Entonces la hipófisis libera la hormona ACTH que no se reparte por todo el cuerpo, por el torrente sanguíneo, como la STH, sino que va a la corteza de las glándulas suprarrenales para activarlas[14]. Allí está la fábrica principal de estas "bombas del organismo", como podríamos llamar a las hormonas, ya que cualquier cantidad mínima de esta secreción tiene tanta fuerza para nuestro bien o nuestro mal. En esa parte externa de las suprarrenales se producen más de 30 importantes hormonas, entre ellas la famosa Cortisona.

En la médula (parte más interna de las suprarrenales) se elabora la adrenalina, hormona que da rápidamente al organismo gran energía para huir del peligro o para luchar por la felicidad. Recordemos el salto de Alvarado con su pesada armadura cuando en la conquista de Méjico, acosado de los indios, saltó sobre el canal de seis metros que le separaba de la orilla, apoyado en su pica. La gran descarga de adrenalina por lo vehemente de la emoción dio de repente a sus músculos esa fuerza extraordinaria.

O, para citar un caso de nuestra prensa de hoy, pensemos en aquella joven madre, no muy robusta, que pudo levantar desde atrás, por sí sola, un pesado automóvil que atrapaba a su hijo. En circunstancias ordinarias no hubiera podido desarrollar tal energía.

Admiremos aquí la Sabiduría del Creador al disponer que la adrenalina no se produzca en la corteza por la acción de la ACTH como las otras 27 hormonas, porque entonces llegaría casi siempre tarde. En efecto, tendría: 1.° que aparecer la señal de alarma en el hipotálamo. 2.° Este excitaría a la hipófisis. 3.° Tendría ésta que liberar a la ACTH y lanzarla al torrente sanguíneo. 4.° Poco a poco con la sangre llegaría la ACTH a las suprarrenales, y 5.° sólo entonces podría la adrenalina salir y difundirse por el organismo para producir la fuerza requerida. Pero en el momento preciso, emocional, en que habría que huir o atacar al enemigo, el organismo se vería sin esa fuerza extraordinaria de emergencia.

En cambio, para que ésta no llegue nunca tarde, dispuso Dios que la adrenalina se elabore en la médula de las suprarrenales y a ésta la conectó por vía nerviosa con el hipotálamo. Así que en cuanto éste recibe la señal de alarma, ya está la adrenalina saliendo en fracciones de segundo.

---

[14] Se llaman suprarrenales estas glandulitas por estar sobre los riñones. Son como alubias.

Si estas 28 hormonas activísimas se encuentran en exceso en el organismo, por lo repetido o exagerado de las emociones, es evidente que lo perturbarán y enfermarán.

Entre otras molestias, es fácil que produzcan úlceras, desnutrición, diabetes, hipertensión, insomnio y que nos hagan más infeccionables como lo probó el mismo doctor Sellye. Citaremos algunas de sus aleccionadoras experiencias.

Inyectando en ratas ACTH y sujetándolas luego a ruidos molestos que las irritaban, produjo en ellas úlceras. Para probar la desnutrición emocional, alimentó en la Universidad de Montreal, con la mejor dieta, a dos grupos de niños, pertenecientes a familias felices y desgraciadas, y examinaba con frecuencia el funcionamiento de sus hipófisis. Pues bien, a los niños de familias donde reinaba el terror, la ira, el disgusto, los encontró siempre con exceso de ACTH. El resultado final fue que ninguno de ellos llegó al peso normal a pesar de tan excelente dieta. En cambio, todos los niños felices ganaron en peso y robustez.

Si nos tomásemos el pulso en momentos de excitación o de cólera, contaríamos hasta 170-200 y aun más pulsaciones por minuto y veríamos que la tensión sube rápidamente de 13 centímetros a 23 y más. Un ataque cerebral o al corazón, se hace posible, y la experiencia nos muestra que son muchos los que mueren a diario de esos ataques si, estando orgánicamente afectados, en su sistema circulatorio, se dejan llevar de fuerte emoción.

Del insomnio producido por emociones y de su remedio tratamos en el capítulo IX: "Saber descansar".

Repitamos que todas estas enfermedades son reales y verdaderas y no ficción o imaginación del enfermo, aunque sí inducidas o aumentadas por la emoción. Y consignemos que cuanto mayor riqueza de entendimiento y de corazón tengamos, habrá también mayor probabilidad de caer en ellas porque, al tener más aspiraciones y poder descubrir más dificultades, podremos preocuparnos más que los menos dotados.

EMOCIONES POSITIVAS:
AMOR-CONFIANZA-ALEGRÍA

También éstas son causadas, no por los acontecimientos prósperos (que dan ocasión a ellas), sino porque los vemos como favoreciendo nuestro bienestar: como uniéndonos más a la bondad o felicidad (Amor), como asegurándonosla (Confianza, Valor), como satisfaciendo nuestras aspiraciones (Alegría).

Saber fomentar estas emociones por la razón o por la fe y saberlas vivir aun en la tribulación, es el mejor elixir de salud y longevidad.

Amor. —Amar es propio del hombre en su parte afectiva. Quiere hacerlo sin ataduras o cortapisas, sin turbación de conciencia, con absoluta seguridad. Eso es su vida, su alimento; su gozo. Tendemos hacia la bondad personificada, hacia quien es bueno en sí, lleno de cualidades, o bueno para nosotros. En presencia de tal bondad, brota arrollador el impulso a acercársele más, a unírsele, a entregársele, a identificarse con él. La personificación humana de esa bondad es siempre limitada: en el compañero, amigo, bienhechor, o consorte. El amor cívico, el de amistad, el de agradecimiento y, aun el amor conyugal, son a veces inconstantes, o menos puros y se enfrían con el tiempo o tronchan con la muerte.[15]

Amor humano. —Para vivir con mayor pureza y constancia el amor humano hay que descubrir las buenas cualidades de todos y excusar sus inevitables defectos. Pensemos cuánto debemos a los conciudadanos y a nuestros allegados. No olvidemos, por un desliz o defecto actual, los muchos beneficios de ellos recibidos. Veamos sus cualidades humanas y, si éstas no brillan, descubramos en ellos los dones divinos: son hijos de Dios y Herederos del cielo. El Padre Celestial les ama con amor infinito y recibe como hecho a Él lo que a ellos hagamos. Con estos pensamientos en la mente será fácil hablar bien de ellos y hablarles con tono de aprecio y con la

---

[15] Comprendiendo la limitación de la bondad y del amor humano, aun el conyugal, fácilmente deducimos que el matrimonio es un compás de espera a nuestras ansias de amor ilimitado, es una satisfacción limitada de esa tendencia, es una concretización temporal, imperfecta del amor que nos unirá para siempre con la Bondad y Felicidad Infinita. Por eso las almas escogidas que aspiran más ardientemente al perfecto amor y felicidad, aun en esta vida, desprecian el "compás de espera" y por el voto de castidad, se unen directamente y sin retardo al amor sin límites.

sonrisa en el rostro; será fácil ayudarles, servirles, sacrificarse por ellos. Y tras los pensamientos de aprecio y los actos y las expresiones de amor se formará y aumentará el sentimiento de simpatía y la emoción y virtud del amor.

Amor divino. —Ante la inevitable limitación de la bondad y del amor humano, aun el conyugal, fomentemos y sintamos sobre todo el divino, el que Dios nos tiene, y el nuestro hacia Él. Pensemos en el beneficio de la creación al prepararnos esta morada transitoria con tan abrumadora cantidad y variedad de seres para nuestro servicio; minerales, vegetales, animales y hombres que nos ayudan a nosotros, reyes de la creación, a desenvolvernos y aun a gozar honestamente sirviendo a nuestro Hacedor. Alabémosle y amémosle al ver los campos, árboles, flores, aves, peces, etc., pues en el acto creador Dios pensaba en mí y lo hacía por mí y con amor infinito. Veamos cómo en la Redención anonada su grandeza infinita y se hace nuestro compañero y modelo y el precio de nuestro perdón. Agradezcamos el beneficio de la familia, remedio a nuestra incapacidad nativa, física, intelectual y moral. El beneficio de la sociedad y de la Iglesia con tantos medios para perfeccionar nuestra vida natural y sobrenatural. Y cuando agradezcamos, procuremos sentir lo más profundamente este nuestro amor a la Bondad Infinita.

Barruntemos también esa Bondad y sus perfecciones sin límites. Al descubrir cualidades en este mundo (poder, sabiduría, bondad, hermosura) no hay que detenerse en la criatura como si eso lo tuviese de sí misma. Hay que comprender que esas criaturas sólo son espejitos en que se reflejan las cualidades infinitas del Creador. En lugar, pues, de estrellarnos contra el espejito, cual aves desatinadas, nos volveremos siguiendo la dirección de los rayos y llegaremos a Dios y le alabaremos y le amaremos. Pues es Él, Amor Infinito, quien les da el ser, vida y actividad para nosotros sus hijos.

Confianza, valor. —Se producen al ver que la dicha se nos afianza por el desarrollo y utilización de las cualidades recibidas, al ver en los acontecimientos más bien su aspecto favorable y aún más, por nuestra decisión de superar los desfavorables. Produce, sobre todo, paz, seguridad y confianza, el convencimiento de que la Bondad Omnipotente se ocupa de mí, gobernando todos los acontecimientos y dirigiéndolos para mi bien verdadero y duradero. La frase de san Pablo "Todo lo puedo en Aquel que me conforta" ha dado valor a muchísimos creyentes. Si Él que todo lo puede, me ama y se comprometió con juramento a darme cuanto de Él confío, puedo estar seguro de conseguir cuanto me conviene: vencer mis fobias y superar los obstáculos de mi felicidad, con tal de poner lo que está de mi parte y esperarlo firmemente de Él.

Alegría. —Esta es producida por la "conciencia de un tesoro". Teniendo tantos bienes naturales y sobrenaturales, no es posible estar tristes si nos acordamos de ellos. Un organismo tan admirable, verdadero microcosmo donde se compendian todas las maravillas de la creación (ejemplo, el mecanismo emocional). Un alma espiritual e inmortal, divinizable, destinada a una felicidad sobrehumana. Un mundo con tantos dones y riquezas, una sociedad con tantas ayudas. Un Dios que es Amor infinito, que nos ama como padre, pero con ternura de madre y nos destina a la ocupación más noble, que es conocerle y amarle, y al goce más sublime: felicidad divina y eterna en el Cielo.

Efectos de las emociones positivas. —Cuando esa bondad humana o divina aparece ante la mente, se produce en el hipotálamo una invitación a todos los órganos y células a dilatarse y expansionarse para recibir y conservar la felicidad.

Respondiendo a la invitación, la imaginación y la razón se avivan. Nunca la mente trabaja con más claridad como cuando nos impele el amor, nos sostiene la confianza y nos embriaga la alegría.

La euforia o sentimiento de bienestar envuelve a todo el ser. Los músculos aflojan sus tensiones, pues no hay nada que temer. Se activa la nutrición (digiriéndose mejor los alimentos), las defensas del organismo contra elementos extraños, los procesos de recuperación en casos de enfermedad y (en el amor humano) también los de reproducción.

En el Sanatorio de tuberculosos de Cayey (Puerto Rico), di una conferencia sobre la alegría y luego, cediendo a las instancias de los enfermos, un triduo religioso en que muchos encontraron a

Dios y la paz de la conciencia. Meses después, al visitarles, de despedida, varios doctores me vinieron a agradecer el bien hecho a sus pacientes. "En muchos de ellos, me dijeron, apreciamos una mejoría muy notable". Las emociones de amor y confianza en Dios y el aumento de alegría habían producido sus efectos. Yo les cité un párrafo que aparece en este libro:

Piscina de salud es la alegría: Bañémonos en ella cada día.

TRAYECTORIA PSICO-FISIOLÓGICA DE LA EMOCIÓN

Emoción	Reacción de todo el ser con perturbación de la normalidad ante la felicidad en emergencia.
Ocasión	Cualquier suceso, recuerdo o sensación insólita.
Predisposición	Circunstancial: estado de ánimo pasajero, nos predispone a interpretar bien o mal el suceso. Humor persistente: por temperamento, enfermedad, vivencias prolongadas o causas inconscientes.

Causa consciente:

General: El pensamiento de que el acontecimiento afecta a mi dicha.

Particular:
- IRA: por "obstáculo superable", concretado en: "Yo".. soberbia. "Ellos".. desestima. "Ello" = "sufrimiento malo".
- TEMOR: por "peligro" insuperable.
- TRISTEZA: por "pérdida" grande, irreparable.

Causas inconscientes = Compensación, transferencia, represión, perfeccionismo, etc.

Efectos orgánicos	Tensión muscular y simpatina.	Perturbación en digestión, circulación y respiración. A la larga: enfermedades funcionales.
Efectos psíquicos	Atención plena y de ahí: fijación, obsesión, exageración. Sentimientos más fuertes y repetidos. Tendencia (que se arraiga) al pesimismo, inseguridad, rencor. Neurosis.	

Efectos de la fase hormonal	En las emociones depresivas, por STH en exceso	Asma, artritis, hipertensión, fatiga, etc.
	En las agresivas por ACTH	Estimulación de las Suprarrenales y nuevas hormonas. Desnutrición, úlcera, diabetes, insomnio, infeccionabilidad.

Emociones positivas	Amor: ante la bondad que se me entrega, tendencia de unión. Confianza: "La tengo asegurada". Alegría: "La estoy poseyendo".

Efectos	Claridad mental, euforia, distensión muscular. Activación de los cambios nutritivos y de las fuerzas curativas.

VII

CONTROL DE LAS EMOCIONES

Para controlar las emociones y evitar tanta enfermedad y desdicha, proponemos seis medios:

1º No dar lugar al pensamiento que causa la emoción, ocupando la mente en otra cosa (control indirecto).

2º Cambiar, por la educación, la apreciación del estímulo, o acostumbrarnos a considerarlo de otro modo.

3º Descubrir y modificar la idea perturbadora.

4° Desarraigar la tendencia negativa.

5º Vivir las emociones positivas.

6º Cambiar la expresión controlable (control fisiológico).

1º No dar lugar a la idea perturbadora

A) *Evitando* la ocasión fácilmente evitaremos el pensamiento que en ella se suscita. Esto será posible en muchas circunstancias. Será incluso necesario en algunas como, por ejemplo, en las excitaciones sexuales, de las que nos dicen los moralistas que sólo ponerse en la ocasión próxima sin necesidad es pecado de temeridad. Por ser este terreno tan resbaladizo, si entramos en él, caeremos.

B) Ocupando toda nuestra atención en otras cosas:

1) Por *sensaciones plenamente conscientes* (capítulo III). Recordemos el joven con la obsesión e impulso de suicidarse que se dominó y curó interponiendo sensaciones conscientes al advertir el impulso.

2) Evitar el pensamiento emotivo por medio de ocupaciones atractivas. Es muy bueno tener alguna afición o "chifladura" donde acogernos en los momentos de depresión, fatiga o emoción negativa. El fumador que saborea la bocanada de humo caliente; el coleccionista que se enfrasca en sus colecciones; el artista en su música o pintura; el jardinero en sus flores, encuentran un derivativo para su emoción. También la evade, pero en forma derrotista, el que con drogas o alcohol renuncia a la lucha; pero renuncia también al dominio de sí y a una personalidad robusta y atractiva.

3) Atender mejor a lo que se está haciendo o diciendo, y no a los pensamientos subjetivos que nos perturban, v. gr., cuando nos ruborizamos o cuando temblamos al actuar en público. Por este medio vencí el miedo de la infancia a los cementerios de noche. Fui allí solo y me esforcé en rezar con devoción por las almas de los allí enterrados. Mientras sentí devoción, la atención fue completa y la imagen temerosa no pudo ocupar mi mente.

¿No es éste el medio empleado por todas las madres al tratar de las emociones de sus hijitos? Cuando el niño llora de temor, ira o tristeza, la madre le muestra algo nuevo, atrayendo allí su atención, y al conseguirlo se interrumpe o acaba la emoción infantil.

2º Cambiar la apreciación del suceso que nos impresiona

a) Encaremos bajo distinto ángulo el dolor, humillación, fracaso, ofensa, etc. Ponderemos con tal claridad lo que en ellos puede haber de bueno, que ya no nos venga el pensamiento excitante, triste, sino el contrario, alegre, y si aquél aparece le podamos fácilmente dominar por el positivo opuesto. Esto no es obra de un día sino fruto de una educación de magnanimidad, de bondad, de comprensión, de fe y de fortaleza. Los antiguos filósofos de Grecia y de Roma lo consiguieron en parte con sólo la luz natural de su razón. Y así sostenían que hay que aceptar el sufrimiento, pues por él nos hacemos más comprensivos con los demás, más fuertes y más pacientes.

Pero en los trances muy difíciles y amargos de la vida con solas las consideraciones filosóficas es casi imposible la ecuanimidad y alegría, porque el dolor, la humillación, el fracaso, la enfermedad, la muerte, aparecen desorbitados y sin sentido cuando los separamos de la eternidad y de Dios. Sólo la religión nos ofrece entonces el punto de vista tranquilizador. Pues si nos consideramos en este mundo como peregrinos del tiempo que vamos hacia nuestra patria felicísima y eterna, podremos despreciar el dolor pasajero. Y si meditamos lo que dice la Escritura que "lo leve y transitorio de nuestra tribulación nos produce un peso eterno de gloria", llegaremos incluso a alegrarnos con el dolor.

Una educación profundamente religiosa nos facilita esta solución. Una educación en que tenemos como modelo a un Dios sabiduría infinita que escoge para Sí sufrimiento y humillación y lo da a su Madre y a sus Apóstoles. Sólo a la luz de la eternidad se pueden despreciar los quebrantos temporales, y sólo mirando a la honra y gozo divino que nos espera podemos aceptar los sufrimientos y humillaciones humanas. Pero sobre todo, para llegarlos a amar, sólo lo conseguirá quien, imitando a los santos, los mire como caricias, abrazos y misericordias de nuestro Padre Celestial. Son señales de predilección divina. En los capítulos de la segunda parte explicaremos el modo concreto cómo podemos superar los pensamientos causantes de la ira, temor y tristeza.

3º Descubrir y cambiar la idea perturbadora

a) Su contenido; b) su ilación; c) su intensidad y duración.

a) Su *contenido*. Cuando la causa es consciente y se concreta bien, es fácil descubrir su exageración o su sinrazón, y así será fácil modificarla. Pero a veces la reprimimos inconscientemente, porque no quisiéramos que actos o motivos inconfesables apareciesen ni siquiera ante nuestra mente, otras veces la transferimos a otros estímulos o circunstancias concomitantes. Entonces puede ser muy útil la consulta con un especialista. Un sentimiento perturbador subconsciente o una ansiedad se normaliza o disminuye al hacer más consciente la idea que lo produce. De ahí que muchos conflictos afectivos se curan con sólo manifestarlos y desmenuzarlos. Así, pues, un examen detenido del contenido de nuestros sentimientos, de su origen y sus causas, y el descubrir en muchas fobias el reflejo condicionado o la transferencia que las producía basta para debilitarlas o anularlas. La cuenta de conciencia de las personas espirituales produce el mismo benéfico resultado.

b) La *ilación* o razón de ser de un sentimiento que ahora nos parece ilógico, pero que no acertamos a dominar, puede hacerse clara si descubrimos alguna circunstancia olvidada o alguna tendencia reprimida. Cierta exploración psíquica o algunos tests, como el T. A. T., podrán ayudarnos a descubrirlas y liberarnos de sus dañosos efectos.

c) La *intensidad* o fuerza emotiva de una idea depende:

1) De su calidad o sensibilización: cuanto más concreta y sensible, conmueve más; cuanto más espiritual y abstracta, menos. Por eso los oradores hablan a la imaginación, para obtener un resultado inmediato, un sentimiento; y tratan de convencer al entendimiento cuando pretenden un efecto duradero.

2) De su cantidad e importancia: cuanto más asociada esté a otras ideas, experiencias o sentimientos, y sean éstos de mayor trascendencia, tiene mayor fuerza.

3) De su duración: emociones, ya sean de temor, de ira o de tristeza que duran poco tiempo, dejan poco rastro en el organismo o en el psiquismo. Pero si perduran en exceso, pueden modificarlo notablemente, atrayendo, como decíamos del sol intruso, cada vez más pensamientos y actos bajo su órbita, y causando un desorden duradero.

En varias regiones de América del Sur vi la costumbre, muy piadosa si se quiere, pero no tan cristiana, y sobre todo sin ninguna higiene mental, de guardar luto las mujeres durante meses y años sin salir de casa y sin admitir distracciones. Muchas, al terminar el luto, estaban neuróticas. La persistencia de la idea deprimente acabó por descontrolarlas.

Descubierta, pues, la idea perturbadora, le quitaremos sensibilidad, importancia y detalles, y la desligaremos de otras experiencias; no nos detendremos en ella conscientemente, sino que pondremos cuanto antes el pensamiento y sentimiento contrario o, por lo menos, diferente. Por eso también al sustituirlas hay que buscar otras lo más sensibles que podamos, símbolos que digan mucho a nuestra imaginación; hay que asociarlas a vivencias importantes, y hay que repetirlas y pasearlas por el campo de la conciencia para que engloben en sí como la bola de nieve el mayor número posible de elementos psíquicos.

4º Poner el sentimiento y tendencia contraria

A veces cambiamos el pensamiento, pero aún seguimos inclinados al escrúpulo, a la preocupación, a la tristeza, al descontento, al temor.

Es que el sentimiento negativo ha quedado arraigado en la subsconsciencia con gran tendencia a ocupar la mente con pensamientos negativos. Si no la tenemos nosotros bien ocupada, se apodera de ella con recuerdos tristes y con preocupaciones, disgustos o temores provenientes de aquella tendencia o sentimiento latente.

El remedio indirecto consistirá en no dar lugar a esos pensamientos, teniendo siempre la mente ocupada hasta que la tendencia a la tristeza o temor, por no haberse ejercitado, se atrofia. Capítulos III y IV.

El remedio directo está en cambiar la tendencia latente, o mejor en poner la contraria. Si comprendemos cómo ésta se formó, veremos también el modo de combatirla.

La tendencia a temer, como indicábamos arriba, se forma por vivencias de temor no contrarrestadas con otra vivencia de seguridad. Así, pues, un acto de terror, o muchos de temor, o pensamientos o sentimientos de inseguridad, tienden a quedar en nosotros a manera de sedimento, dejándonos más inclinados a temer. Si esas vivencias negativas han sido contrarrestadas rápidamente por otros pensamientos o sentimientos positivos, no dejarán rastro en nosotros. Ejemplo, el niño que después de un temor es tranquilizado por sus padres o educadores; el adulto que, pasado el susto, disgusto o fracaso, se llega a convencer de que no era para tanto.

Ejemplo contrario: una niña de cuatro años, mientras acariciaba feliz a su perrito, no vio a un perrazo saltar la cerca vecina, pero lo sintió caer junto a sí. Se asusta, suelta su perrito, grita, llora, huye y ya no puede estar junto a un perro sin temblar. La conocí de doctora, dirigiendo una clínica en una capital de Extremo Oriente. Me confesó que aún le perduraba esa fobia, y de tal modo le dominaba que, en París, estando en un restaurante, al ver a un señor que entraba con su perro, ella, alocada, no supo hacer otra cosa sino subirse sobre la mesa. ¡Si su madre hubiera hecho con ella lo que practicó con su hijita otra señora mejor preparada! Desde el día siguiente, cuando la niña comía alegremente en el jardín, la madre aparece por el otro extremo sujetando un perro. La niña se asusta y llora, pero al oír: "no temas, hija, este perro es muy bueno, y además lo tengo yo bien sujeto", se tranquiliza y sigue comiendo. Cada día se le presenta el perro un poco más cerca, con el mismo susto y victoria. Al cabo de veinte experiencias positivas, la niña estaba curada.

Cuando la tendencia quedó arraigada en la subconsciencia, hay que evitar que crezca. No crecerá si no la seguimos alimentando con pensamientos, conversaciones, actos y actitudes negativas. La dominaremos y destruiremos si ponemos vivencias emocionales positivas y aun contrarias. Una muy fuerte podría curarnos por completo. Hay pues que...

5º Vivir las emociones positivas amor, confianza, alegría

Están tan ligadas entre sí estas emociones que, cualquiera de ellas intensamente vividas, nos ayudará a vencer la ira, el temor o la tristeza y a desarraigar su tendencia.

El joven Francisco de Sales, a pesar de su personalidad robusta y atractiva, se veía casi anulado por el escrúpulo. Un día, al borde de la desesperación, a pesar de repetidas confesiones, entró en una iglesia y dijo a Nuestro Señor: "Ya que voy a tener la desgracia de odiarte y maldecirte por siempre en el infierno, al menos ahora, quiero amarte y glorificarte con todas mis fuerzas". Y por largo rato dio rienda suelta a su emoción reprimida de amor. Al salir de la iglesia, se encontró curado de su escrúpulo para siempre. Esta fuerte emoción positiva de amor, contrarrestó la tendencia negativa de inseguridad que causaba sus escrúpulos.

Pongamos sobre todo la emoción y la tendencia contraria. Pongamos amor y simpatía contra la antipatía y el odio, como explicaremos en el capítulo XIII. Pongamos decisiones de heroísmo, actos de valor y pensamientos de seguridad contra la inseguridad y temor (cap. XIV). Repitamos ideas y actitudes de alegría contra la tristeza (cap. XV). Por eso aconsejamos al que quiere vencer su excesiva tristeza, temor, ira o antipatía, que se dedique a dar amor, seguridad y alegría a los demás sobre todo a los más abandonados y necesitados.

Cuando la nueva sedimentación positiva, producida por ese pensar y obrar positivo, sea igual o mayor que la tendencia negativa, acumulada en nuestro interior, quedaremos curados. Si no es tan grande como para curarnos, por lo menos sentiremos alivio.

Señalemos tan sólo la vida sublime de amor sobrenatural como el medio por excelencia para satisfacer las necesidades básicas de la personalidad, sin lo cual según algunos psicólogos no podemos conservarnos normales y felices.

Ponen entre estas necesidades psíquicas la de pertenecer a un grupo, a quien nos proporcione estima, protección, afecto, etc.; la necesidad de realizar valores, y la de saber y conocer más y más y la de percibir la belleza, etc.

Pues bien, todas estas necesidades se ven plenamente satisfechas en el místico, o en el que, por la meditación, llega a conocer y sentir el Amor Infinito que es Dios, volcándose sobre él al crear y conservar tantas criaturas para su bien, y al hacerse hombre y morir por él. En el que siente la amabilidad de aquella mirada humano-divina posándose sobre los que sufren y sobre sí; o el ardor de aquel Corazón todo amor y misericordia a pesar de nuestra ingratitud, o aquellas ansias infinitas de aliviar nuestras cargas y dolores y comunicarnos su vida y felicidad divinas.

Quien esto conoce y siente, no experimentará soledad de corazón aunque viva en el desierto o en el claustro. Pertenece al Todopoderoso que mira por él con solicitud paternal y ternura maternal. Realiza en cada momento lo más noble y útil al cumplir la voluntad de Dios, pues realiza el ideal de la Sabiduría Infinita. Además el conocimiento cada vez más profundo y sentido de la Realidad y Belleza Infinita va colmando su capacidad intelectiva y estética. Estos efectos suben de punto si además llega a sentir su propio amor de agradecimiento hacia esa Bondad que tanto le dio y tanto le quiere dar, y su amor de benevolencia y admiración hacia las perfecciones divinas. Su corazón lleno de amor y de satisfacción se volcará hacia sus prójimos (en quienes ve la imagen del Hijo de Dios) y, al sacrificarse por su bienestar material y espiritual, encuentra nueva plenitud afectiva y de realización.

6º Cambiar la expresión controlable

La emoción tiene su apoyo y complemento fisiológico en la expresión externa de ojos, respiración, voz, músculos. Si le quitamos ese apoyo y, mejor aún, si ponemos la expresión contraria, la emoción se debilita o extingue.

Nuestros ojos se ponen duros, fijos y con escaso parpadeo en el temor y en la ira. Aflojémoslos y parpadeemos con frecuencia en el momento de irritación y, mejor, tengamos ojos de sonrisa, y venceremos.

La respiración se acorta y acelera. Tomemos, pues, dos respiraciones profundas antes de contestar.

Expliqué este método a preuniversitarios en La Habana. Al día siguiente me vino uno muy entusiasmado: "Padre, eso es estupendo. Anoche estuve a punto de perder mis cabales, pero acordándome de su charla ablandé mis ojos hasta sonreír con ellos y empecé a tomar respiraciones profundas y me controlé tan bien que mi madre, que observaba desde el cuarto vecino, vino a felicitarme y pedirme que le explicase el secreto de este triunfo".

La voz tiende a ser áspera y temblorosa en la emoción. Callemos o respondamos con más suavidad en la ira, con más fuerza y seguridad en el temor, con más animación en la tristeza. La sabiduría popular nos lo repite en muchas lenguas: "Silbar en la oscuridad", dicen los ingleses, para vencer el miedo. Cantemos en la tristeza, porque "El que canta, sus penas espanta". Los japoneses lo expresan con más poesía: "Cuando el rostro sonríe, sale el sol en el corazón".

Aflojemos y soltemos los músculos del rostro y de las manos que tienden a ponerse tensos.

Este control fisiológico de la emoción por la expresión contraria no será suficiente en muchos casos, y aun tal vez pueda ser dañoso en algunos si seguimos fomentando el pensamiento excitante.

Pero si al control fisiológico añadimos el psíquico de pensamientos y sentimientos contrarios, entonces la victoria será rápida y segura.

Juntando en uno estos dos últimos medios, del sentimiento y expresión contrarios, podemos dar una técnica práctica para superar fobias o emociones arraigadas. Vivamos con nuestra imaginación las circunstancias que tanto nos afectan, y, al estarlas viviendo, describamos con tono de convicción el estado afectivo en que deberíamos o nos gustaría estar, o en que están las personas normales. Ese tono de seguridad, si es muy intenso, llegará a producir un sentimiento proporcionado, y podremos quedar luego liberados de la fobia.

El padre Laburu nos cuenta el caso de un joven del campo que tenía pánico de la langosta o chepalí. Ver una cerca de sí y temblar, alocarse y huir, era inevitable, y hasta se hubiera arrojado por la ventana de no encontrar otra salida. El Padre le hizo imaginar que entraba una por la puerta y luego imaginarse seguro y decir con él, imitando el tono de seguridad con que le hablaba: "Y yo sigo sereno". "La langosta se va acercando", decía el psicólogo, y el enfermo lo repetía imaginándolo vivamente y se inmutaba; pero, al imaginarse sereno y repetir: "Yo sigo seguro, a mí no me importa", se serenaba. De nuevo el Padre: "La langosta está junto a mí... Está en las manos del Padre" (mandó traer una en un frasquito). "Está en mis manos" (le hizo agarrar el frasquito). "Y yo estoy segurísimo". Apenas repitió esto último con tono de gran dominio, cuando una respiración profunda y una sonrisa franca manifestaban la completa liberación.

Dominada la emoción, pronto empezaremos a experimentar los efectos consoladores en el cuerpo y en el alma. Estos son:

Mejor relajación muscular, sosiego nervioso y equilibrio glandular y hormonal. Salud conservada o mejorada. Victoria de los bajos instintos. Robusta y equilibrada personalidad. Paz interna y paz social. Mayor felicidad y edificación del prójimo. Y, finalmente, gloria y agrado de Dios.

RESUMEN PRÁCTICO - CONTROL EMOCIONAL

Cómo dominar las emociones y gozar de mejor salud.

1º) Descubre la causa consciente: la idea que la produce. Concrétala bien y, por la razón o la fe, cambia tu manera de mirar al acontecimiento que inducía esa idea. Debilítala desligándola de otros recuerdos. Quítale trascendencia y duración.

2º) Buscar, si acaso existe, la causa inconsciente. Recuerda experiencias pasadas que han podido dejar llagas afectivas. Cúralas ahora aceptándolas o sublimándolas.

3º) Modifica tu predisposición o humor negativo. Para ello pon ideas y actos positivos contrarios. Obra "como si..." estuvieses alegre, seguro...

4º) Disminuye tu emotividad, fortaleciendo tu organismo, quitando tensiones excesivas y prolongadas de los músculos y evitando el exceso de hormonas proveniente de la repetición de emociones. Sobre todo fortalece tu psiquismo por un reajuste de valores, apreciando más lo trascendental y eterno y no tanto lo temporal y baladí y dominando tus instintos por la razón.

5º) No des lugar al recuerdo o idea perturbadora: a) evitando la ocasión; b) ocupando tu mente en otras ideas u ocupaciones que te llenen; c) fomentando la observación y las sensaciones conscientes; d) dándote cuenta mejor de lo que haces y de lo que sientes o temes.

6º) Vive la emociones positivas: ama a la bondad humana pensando en su muchas cualidades y excusando sus defectos. Ama sobre todo a la Bondad Divina por sus perfecciones infinitas y por lo mucho que te da y ama.

Confía en la maquinaria perfecta que Dios te ha dado para conseguir tu fin y tus ideales razonables. Confía sobre todo en tu Padre Celestial que vela por ti y puede y quiere ayudarte.

Alégrate, pensando en tanto bueno como hay en ti, en la sociedad, en esta vida y en la eterna. Una de estas emociones intensas superará cualquiera de las negativas; la contraria, la desarraigará.

7º) Cambia la expresión controlable. Sin ese apoyo y complemento fisiológico la emoción se debilita; con la expresión contraria se apaga.

Afloja todos los músculos: ojos, rostro, pecho, brazos, etc., y trata de airarte: verás que no lo consigues. Respira hondo. Sonríe. Toma actitud de valor... el temor o tristeza disminuirán. No utilices este medio sino cuando refrenas o cambias tu pensar negativo.

CONTROL DE LAS EMOCIONES

Control emocional ⎰ Psíquico ⎰ Indirecto = Evitar idea negativa.
         ⎱   ⎱ Directo = Poner la positiva.
       Fisiológico = Expresión controlable.

I. Control Psíquico Indirecto del Pensamiento = Evitándolo.

Evitar el negativo ⎰ Evitando la ocasión, concentrándonos en ⎰ Sensación consciente, observación, ocupación distractiva. "Hobby", "Haz lo que haces"

II. Control Psíquico Directo del Pensamiento = el contrario.

"Sufrimiento es aceptable" ⎰ A la razón = Da experiencia, comprensión, fortaleza, paciencia.
      A la fe ⎰ Es la predilección de Dios. Cheque del Cielo. Librea de Cristo.

Para la IRA	"Yo"	"Soy imperfecto, pecador, merezco peor trato".
	"Ellos"	"Sin mala voluntad. Por descuido o incomprensión. Con dotes humanas y divinas. Hijos de Dios, Herederos del Cielo. Cristo en ellos disfrazado".
	"Ello"	Joya preciosa rodeada de espinas. "Peso de Gloria".

| TEMOR por "Peligro" | Consciente | Concretarlo. "¿Qué temo?" Contestar en detalle. Pesar probabilidades. Escribirlas. Encarar lo peor... "¿Y qué?". |
| | Inconsciente = Descubrirlo y desarticularlo. | |

| TRISTEZA por "Pérdida" | "No total" = "Perdí centavo (criatura). Gané millón (Dios)". | |
| | Ni irreparable | "Sólo temporal, nuevas posibilidades" "Gané eternidad" "Peso de Gloria". |

III. Control Psíquico del Sentimiento

| Fomentar emociones | Opuestas, actos de | Amor y simpatía contra la aversión o ira. Confianza, valor, heroísmo contra temor, desaliento. Alegría y optimismo contra tristeza y pesimismo. |

IV. Control Fisiológico: Expresión = Es método subsidiario.

| Expresión contraria | Ojos y rostro, alegres, blandos. Voz amable, segura, tono de aprecio. Respiración lenta, profunda, rítmica. Músculos relajados. |

Impresionabilidad exagerada

Depende esta del organismo por estar debilitado, tenso o con exceso de hormonas, pero depende, sobre todo, del psiquismo o conjunto de ideas y hábitos.

1. Debilidad orgánica: los enfermos, los niños, las mujeres y los ancianos suelen ser más impresionables que el hombre robusto.

2. La tensión muscular allana el camino a la emoción, pues esto es lo primero que ella produce. Existiendo esta tensión basta una pequeña excitación para que los efectos emocionales crezcan rápidamente. Se cuenta del presidente Delano Roosevelt que tenía junto a su despacho un diván donde se echaba varias veces al día en ratos perdidos para aflojar por unos minutos todos sus músculos. Esta relajación muscular le daba mayor ecuanimidad y autoridad y mayor aplomo a sus palabras.

Adenauer, el gran canciller de la República Federal Alemana y autor de su prodigiosa recuperación económica, debía su portentosa actividad, ecuanimidad y resistencia al trabajo a los 83 años, entre otras causas, a que cada día tenía varias siestas cortas donde aflojaba todos sus músculos.

3. El exceso hormonal propio del que se deja dominar frecuentemente de la ira, temor o tristeza, también prepara el camino a la segunda fase de la emoción y acostumbra a las glándulas a una dañosa superactividad, y a las enfermedades de "Stress", del doctor Sellye. La inyección de adrenalina nos hace más irritables.

La mayor impresionabilidad depende, sobre todo, del psiquismo, de la manera como encaramos la vida. Los mismos acontecimientos producen en unos individuos grande impresión y en otros pequeña o nula, según las vivencias que les precedieron, o según que les tomen de sorpresa o prevenidos. Poca huella dejarán en aquéllos cuyas ideas, convicciones o sentimientos les permitan ver en tales sucesos otras facetas que hagan contrapeso a la tristeza o temor, al deseo o preocupación. Así, dos individuos, avariento y soberbio el uno, desprendido y humilde el otro, sufren el mismo fracaso y pérdida de fortuna. Este hecho causará en el primero grande depresión y tristeza; y si no sabe distraerse y encararlo de modo positivo, llegará tal vez a dominarle y descontrolarle.

En el otro, por el contrario, al encontrarle lleno de ideas o sentimientos favorables, no producen ningún choque, y aun, pasada la primera reacción, instintiva, llegará tal vez a serle agradable.

Raíz de la impresionabilidad exagerada. Hay que buscarla en el psiquismo inferior sensitivo-apetitivo que no percibiendo realidades superiores, nos saca de la verdadera realidad de la vida, de las cosas y del propio "Yo"; en el instinto de conservación, de superación y de reproducción. Es decir, en la tendencia innata a conservarnos corporalmente, y de rechazo, a huir del peligro y de la muerte corporal, sin preocuparnos de la espiritual y eterna; en la propensión a superar a los demás y aumentar nuestros bienes terrenos, sin caer en la cuenta si nos impide o no otros mayores; en el impulso a buscar el placer de un miembro, aunque sea con daño de todo el ser, y en huir del dolor y de la molestia, aunque nos traigan bienes superiores. Véndese el derecho de primogenitura por un plato de lentejas. Se quiere el placer sexual o alcohólico aun con ruina de la salud o del alma.

Nos salimos de la *verdadera realidad* del hombre, que no es sólo cuerpo, sino también espíritu; no es sólo terreno y temporal, sino también celestial y eterno. Nos salimos de nuestro verdadero "Yo" no reconociendo ni aceptando las limitaciones o el medio ambiente. El centro de gravedad afectivo queda desplazado.

El *centro de gravedad* del hombre está en el fin sublime que le dio su Creador, el Amor Infinito: que le permitamos hacernos felices en la tierra por el amor a Él y al prójimo, para gozarle después por toda la eternidad. Quien comprenda la sublimidad y dicha de poder realizar en cada momento el ideal de Dios, o lo que es lo mismo, "querer lo que Él hace, y hacer lo que Él quiere", y que esto no se lo puede impedir la enfermedad, ni la maldad o injusticia ajena, éste, jamás sufrirá perturbación psíquica duradera. Por eso los santos que comprendían y vivían esa realidad sublime son los prototipos del hombre controlado. Por eso también los creyentes que sufren perturbaciones afectivas, harán muy bien en añadir a los medios científicos éste más eficaz aún de los Ejercicios Espirituales de san Ignacio, donde al meditar esta verdad en el Principio y Fundamento, volverán a su centro de gravedad y sentirán desvanecerse sus temores o preocupaciones en la paz más profunda del alma.

Una señorita de la alta sociedad de Lima me ayudó eficazmente en la propaganda misional. Conseguimos un magnífico salón y ella se lanzó a la propaganda. Pero por falta de tiempo, a la hora señalada sólo había doce personas. Al día siguiente, vino ella a verme. "Supongo que no tendré que consolarla por lo de anoche", le pregunté. "No, Padre", me respondió. "Cada día paso dos horas con Dios y pienso mucho en la grandeza del Ser Infinito, y siento que en su comparación todos los hombres somos como un granito de arena. Pues bien, al aceptar su propaganda, lo hice por agradar al Padre Dios, que se alegra al ver felices a sus hijos, y las charlas de Ud. ayudarán a eso. Así que el Ser Infinito me sonríe. Gané, pues, el millón. Los granitos de arena, es decir, los hombres, no me hicieron caso. Perdí un centavito. El que gana el millón y pierde el centavo, ¿podrá estar triste?"

¡Qué respuesta tan sublime y tan apta para volvernos a la realidad y gritar importancia a los fracasos humanos si procedimos con buena voluntad!

Remedio de la impresionabilidad exagerada

En el entendimiento hemos de fijar bien la jerarquía de valores con una buena educación moral y religiosa, apreciando en su justo valor lo duradero y eterno, sobre lo temporal y pasajero; el bien total de todo el ser sobre el gusto o bien parcial del cuerpo; iluminando y dirigiendo nuestros instintos por su verdadero camino y fin y elevándolos por la ciencia y por la fe a las sublimidades que no conocen.

Hemos de procurar arraigar positivamente el aprecio y la tendencia hacia el bien total: amor propio no rastrero, terreno y material, sino superior, espiritual y eterno. Amor a la vida y a la gloria que no terminan. Amor al sufrimiento dignificado por el ideal.

Amor desinteresado a los demás, o mejor, si tenemos fe, caridad sobrenatural al prójimo, viendo en él a nuestro Acreedor Infinito disfrazado con defectos, para que le amemos con mayor mérito.

Lo conseguiremos por la meditación de los bienes superiores y por la práctica de las virtudes. Cuanto más fortifiquemos el psiquismo superior intelectivo-volitivo por el conocimiento de estos valores superiores y por la decisión en el bien, tanto más inmunizados quedaremos contra las aberraciones de los bajos instintos.

Por esto, en los santos en que este dominio de la razón y de la recta moral llegó a la cumbre, las degracias, humillaciones y peligros temporales no causaban perturbación o ésta pasaba prontamente.

En la conducta, evitar ideas, ambientes, espectáculos, actos que favorezcan las tendencias descaminadas. Con mucho mayor empeño habrá que impedir la satisfacción indebida del instinto, que lo graba y arraiga más en nuestro ser.

Eliminar ideas que impresionan. —Podemos ejercitarnos en introducir voluntariamente en nuestra mente esas ideas o imágenes impresionantes y apartarlas y borrarlas en seguida. Para adiestrarnos en esta práctica empecemos por:

a) Escoger tres o cuatro objetos y colocarlos sobre un papel blanco. Sepárese uno de ellos con la mano. Hecho esto, se cierran los ojos y se verifica si el objeto separado quedó eliminado en la mente. Del mismo modo apartar sucesivamente con la mano y con la mente los demás objetos, hasta que ninguno de ellos permanezca en la conciencia.

b) Escribir mentalmente tres o cinco números y borrarlos luego uno por uno.

c) Repetir la misma operación con tres o cinco letras o palabras.

d) Finalmente, obtenido ya bastante dominio, sintetizar la causa de la excitación en una palabra o frase, grabarla en nuestra mente y extinguirla. Nótese que, cuando la fobia o idea impresionante es voluntariamente grabada por nosotros, y no impuesta por el inconsciente, no provoca las perturbaciones que acostumbraba traer consigo. Con este adiestramiento, desaparecerán estas perturbaciones, primero temporalmente, y después definitivamente, de nuestro psiquismo.

Cuando esas ideas vienen con gran carga emocional de disgusto, temor o tristeza no será fácil eliminarlas sin antes quitarles o disminuirles esa carga afectiva. Los capítulos XIII, XIV y XV ofrecen medios variados.

Un religioso solía hacer la lectura en el comedor. Un día, habiéndose atrasado, tuvo que correr y llegó sin aliento. La lectura en los primeros momentos fue entrecortada por respiraciones fatigosas. Quedó impresionado y sonrojado. Al día siguiente, en estado de perfecta calma, tomó el libro y comenzó a sentir la misma dificultad de respirar. La fuerte impresión precedente quedó arraigada en el subconsciente y se le reproducía por asociación de circunstancias semejantes. La corrigió poco a poco por el ejercicio de eliminación y por la:

Concentración opuesta

a) *Concentración en la imagen o sentimiento de calma, paz.*

Procurar encontrar en mi pasado o determinar en mí un sentimiento o recuerdo de tranquilidad moral y física: v. gr., un paisaje, una armonía, una oración, etc. y concretar lo más posible esa sensación, hasta vivirla de nuevo.

b) *Concentración en la imagen de energía, de valor.*

Tratar de sentir nuevamente la propia fuerza moral, recordando momentos enérgicos de mi vida (el orador la encontrará en un discurso, el comerciante en una operación atrevida, el militar en una batalla, etc.). Reproducir mentalmente esos momentos.

Si nunca la experimentó en sí, esforzarse por comprender lo que significa energía, con imágenes o comparaciones acomodadas al propio psiquismo que son las que más penetran en el inconsciente. Con un poco de perseverancia se conseguirá fácilmente.

c) *Concentración en la imagen de control.*

Es una consecuencia de las precedentes, pues si alguien puede estar tranquilo y enérgico cuando quiere, es evidente que tiene control. Trate de verificar en sí ese control, de sentirlo y vivirlo en el momento presente, y procure continuar en esa experiencia hasta desarrollar y grabar el sentimiento exacto de esa facultad.

Hacer esas concentraciones, primero, por algunos momentos, más prolongadamente después, y repetirlas durante el día en circunstancias varias y difíciles, hasta que penetren en el inconsciente. Hacerlo sobre todo cuando estoy imaginando las circunstancias que me perturbaban. El sentimiento de control de ahí originado deshace la raíz de la impresionabilidad exagerada y de la fobia.

PSICOTERAPIA INTEGRAL RELIGIOSA

Por los remedios indicados en este capítulo, sobre todo al ir al fondo del problema, podríamos barruntar que el ateísmo, el materialismo, el vago deísmo, etc., crean una psicoterapia muy pobre que no satisface, ni a la razón, ni al corazón.

Si concebimos al hombre corporal sin su alma espiritual con anhelos de infinito, si le apartamos de Dios, o no le orientamos hacia su Hacedor, su Padre, su Felicidad, le desintegramos psíquicamente, le dejamos fuera de su realidad total. Quedará siempre algo desencajado. En lo más íntimo de su ser habrá siempre un vacío, una angustia existencial.

El edificio de seguridad, satisfacción, optimismo, personalidad robusta, realización de valores ilimitados, que sobre esa base se quiere construir, no ofrecerá solidez ni resistencia ante cualquier embate.

En cambio, la psicoterapia fundada en la fe y en el destino divino del hombre tranquiliza y satisface a la razón, al sentimiento, al alma y a los nervios y le conserva normal, íntegro, sereno y sublime aun en medio de los mayores dolores y de la misma muerte, como lo prueban los millones de mártires y de santos de toda edad, condición y raza.

En el ambiente del séptimo Congreso Católico Internacional de Psicoterapia, celebrado en Madrid, en septiembre de 1957, flotaba el anhelo de integración de los descubrimientos analíticos en la concepción católica del hombre. Si seguimos la técnica del doctor Martínez Arango, de La Habana, y las últimas directrices del Dr. Caruso, y si consideramos al hombre en su realidad total de "hijo de Dios y heredero del Cielo", tal vez se haga fácil esta integración.

Freud, tenido como el descubridor del "Nuevo Mundo" en psicoterapia, descubrió o por lo menos formuló claramente las fuerzas inconscientes en el hombre; pero como desconocía lo espiritual en nosotros, dio un alcance excesivo a los mecanismos instintivos de la "libido". Adler, al no ver explícita en su maestro la otra gran fuerza inconsciente, el instinto de superación, se separó de Freud y explicó y utilizó ese mecanismo de superación. Jung, elevándose algo más, vislumbró tal vez lo sobrenatural o divino, sin llegar a formularlo sino como el arquetipo o el inconsciente colectivo[16].

Si esos grandes intuidores hubieran sabido que venimos de Dios, que somos chispitas salidas de esa hoguera infinita de amor; si hubieran comprendido que el ansia insaciable de amor y de felicidad que sentimos no son otra cosa que las urgencias de nuestro Padre Celestial, para transformarnos en Él y comunicarnos su dicha infinita, tal vez hubieran concebido y explicado con toda claridad lo que dejaron impreciso, y hubieran evitado frecuentes correcciones y aun contradicciones.

El hombre caído de la elevación original en que le puso Dios, es lógico que experimente cierta angustia vital. Pero el hombre redimido, que siente un amor humano-divino volcándose sobre él, y provisto de tantos medios, incluso el dolor, para elevarse y divinizarse, podrá fácilmente vencer esos obstáculos. Quien está tratan-

---

[16] Finalmente, en 1932 escribió Jung: "Durante los últimos 30 años me han consultado individuos de todas las regiones civilizadas... entre los pacientes de más de 35 años no he encontrado uno solo cuyo problema no consistiera en última instancia en buscar una perspectiva religiosa en su vida. Podría afirmar con toda seguridad que todos habían enfermado por haber perdido lo que la religión ha ofrecido siempre a sus seguidores; siendo curados al volver a ganar su perspectiva religiosa".

do de millonadas divinas, podrá sin dificultad dejar de preocuparse de naderías terrenas. ¿No tendrán así más fácil solución muchas frustraciones, desesperaciones, fobias, disgustos, conflictos, represiones, fijaciones, angustias?

PROBLEMAS CRUCIALES Y SU SOLUCIÓN EN PSICOTERAPIA. ORIGEN Y DESTINO DEL MUNDO Y DEL HOMBRE. EL DOLOR. LA MUERTE

PROBLEMAS

Solución sin Dios		*Solución de la fe y la razón*
Es un gran absurdo (Sartre) Va al caos Viene por evolución ciega	Mundo	Lo hizo el Amor Infinito Lo rige con Sabiduría Omnipotente Para nuestro bien y progreso
Animal más evolucionado Sin rumbo sobre el vacío (Heidegger) Es pasión inútil (Sartre) "Con esa libertad absurda" (idem)	Hombre	Es imagen e hijo de Dios Para sirviéndole gobernar el mundo Pasión de Dios: de paz, amor, alegría Libertad meritoria: realización sublime
Alarma orgánica Es humillante Inaceptable	Dolor	Da comprensión, fortaleza Es predilección divina Peso de gloria eterna
Aniquilamiento del Yo Fin del amor, gozo, ciencia y realización Humillante	Muerte	Vida humana... deificada Del destierro a la Patria para amar y gozar a Dios Máxima prueba de amor

No satisfacen ← EFECTOS → *Satisfacen y llenan*

Destruí mis creencias y ahora no sé qué hacer, si morir o seguir viviendo (Sartre) Oscuridad, dudas en lo trascendente Dejan inseguridad intelectiva	en la Mente	Dan claridad y gozo intelectivo Certeza en lo trascendental.
Vacío, angustia, tristeza Sin paz, amor, protección gozo, realización que llene	Corazón	Paz, alegría, gozo plenos "Me ama el Amor Infinito" "Le amo. Realizo el ideal divino"

Luego: 1ª La psicoterapia integral tiene necesidad de lo trascendental, del espíritu, de Dios. 2ª Una vida espiritual sana es ya una psicoterapia integral, pues da:

a) **Unidad** y razón de ser a la vida, al entendimiento, al corazón.

b) **Seguridad** para esta vida y para la eternidad.

c) **Plenitud** de amor, realización y satisfacción.

Leído esto, tal vez aflore en algún lector no creyente la observación que me hizo un oyente de mis cursos: "Y si lo que Ud. cree resulta falso, ¡qué desengaño se va Ud. a llevar a la hora de su muerte!". Respondo con el P. Valenn, sj. "Si al ir a morir, viese claramente que me espera la nada y que todas mis creencias son pura ilusión, no me lamentaría haberme engañado y haber creído en el cristianismo; puesto que el error sería del Amor Infinito al no existir (como debía), y no error mío por haber creído en un Dios Amor como lo exigía mi corazón y mi razón".

Le Dantec, célebre filósofo ateo, escribe: "Debo afirmar con toda sinceridad que no veo razonamiento capaz de detener al ateo perfecto tentado de suicidio".[17]

Problemas cruciales y su solución en psicoterapia

Hay problemas trascendentes que consciente o inconscientemente acucian a todo ser racional y son capaces de sumirle en la tristeza, desesperación y pesimismo. Tales son: origen y fin del mundo, o, ¿quién lo hizo y para qué? ¿Quién lo gobierna? ¿Para qué estamos en él? ¿Por qué sufrimos y morimos? ¿Qué hay después de la muerte?

Comparemos, pues, en el cuadro sinóptico anterior las soluciones y respuestas que nos ofrecen los psicoterapeutas ateo-materialistas y los que tienen religión, y veamos sus efectos.

---

[17] FLAMMARIEU, L'athéisme, p. 101

VIII

RESUMEN PRÁCTICO:
DECÁLOGO DE SALUD

Quien se haya convencido de que su malestar proviene del mal funcionamiento de todas sus facultades mentales, con alteraciones en su sistema nervioso y muscular, pero con integridad de todos los órganos (corazón, pulmones, estómago, etc.):

I. Comience por aprender a descansar, ejercitando con naturalidad el más fácil de nuestros actos cognoscitivos, la sensación consciente, que al mismo tiempo le tonifica y tranquiliza. Si la tensión y fatiga son muy grandes, descanse antes por unos días, cambiando de ambiente y ocupación, viajando, etc.

II. Entrénese luego en hacer con perfección y sin tensión alguna el segundo acto cognoscitivo, más activo: concretar su atención en una sucesión de sensaciones o en imágenes o raciocinios, que ya no se perciben por los sentidos. Tienda al monoideísmo en su trabajo.

III. En la segunda o tercera semana, sin abandonar del todo los ejercicios anteriores, fortalezca su voluntad con decisiones bien concretas y graduadas y ejecutadas puntualmente, arrollando toda indecisión.

IV. Adiestrados ya el entendimiento y la voluntad, corrija lo que hay de anormal en sus sentimientos y emociones, primero distrayendo su atención de la idea o imagen que los produce, sustituyéndola, en cuanto aparece en la conciencia, por sensaciones o concentraciones distintas y a ser posible, agradables.

V. Modifique luego la misma idea, interpretando el suceso de distinto modo, o viendo lo bueno del dolor, hasta llegar a aceptarlo movido por la razón o por la fe.

VI. Cambie el sentimiento y tendencia negativa por otra positiva y aun opuesta, haciendo actos repetidos positivos o alguno muy intenso y fomentando los pensamientos y actitudes del sentimiento que desea, y cultive las emociones positivas.

VII. Ponga el proceder y la expresión "como si" estuviese seguro, feliz, hasta que por la repetición de ideas, sentimientos y actos, se forme y arraigue el nuevo hábito positivo.

VIII. Simultáneamente con todo este tratamiento, evite los desgastes neuro-musculares que la tensión psíquica produce, acostumbrando a sus músculos al ejercicio y a la debida relajación, tanto en vigilia como en el sueño, y no malgastando su energía nerviosa con movimientos inútiles o posturas hipertensas.

IX. Evite los excitantes en las comidas y procure elementos vitales a su organismo con una respiración sana y ejercicio físico moderado (de acuerdo a su edad) y una alimentación sana y bien equilibrada evitando la obesidad.

X. Acepte la realidad que no pueda modificar y procure fundamentar en ella su ideal y ponerlo al abrigo de las alternativas humanas, enlazándolo con las sublimidades eternas y divinas.

CONSEJOS PRÁCTICOS PARA DESAJUSTES DE LA PERSONALIDAD

Conocerse

La debilidad o enfermedad no es mera imaginación o ficción. Los síntomas experimentados en la cabeza, en el corazón, en el aparato digestivo, son síntomas reales, pero en general no causados por lesión del organismo respectivo, sino por el psiquismo descontrolado o por el inconsciente anárquico.

Si los especialistas consultados están de acuerdo en afirmarle la integridad de los órganos, no debe ya preocuparse por los síntomas sino convencerse de que deben su origen e intensidad a las emociones o al pensamiento no controlado sobre el síntoma o la enfermedad.

La consecuencia práctica será descubrir y cambiar la idea emotiva, no preocuparse ni pensar voluntariamente más en su malestar, antes bien, ejercitarse en aceptar las afirmaciones del clínico y sentir la completa salud y eficiencia orgánica.

Este conocimiento de la naturaleza psíquica del malestar y la consiguiente orientación de la lucha en el terreno verdadero, será la mitad de la curación; la otra mitad está en la confianza y fe en el método, junto con el factor tiempo.

Pensar en los demás

Nadie vive y fructifica tanto para sí como el que vive y
fructifica para los demás.

La persona dominada por el inconsciente lleva una vida negativa e impregnada en un egoísmo enfermizo.

Piensa siempre en su molestia, procurando los medios para disminuirla. No halla tiempo para ocuparse de los demás y para realizar trabajo positivo y de progreso. Todo es ver al enemigo y huir de él.

Vive, en la expresión de Emerson Fosdick, como en un cuarto rodeado de espejos; adonde quiera que mira se encuentra a sí; al ocuparse de los demás, varios de estos espejos se convierten en ventanas, y a través de ellas verá otras caras y otras vidas y paisajes más alegres.

Encontrará, pues, grande ayuda en un ideal noble, ya sea profesional o religioso, o en una dedicación altruista, sea por patriotismo o por amor al prójimo o por motivos sobrenaturales.

Conocí un joven médico que, agotado por sus estudios y primeros trabajos, y abrumado por el insomnio, la obsesión, el cansancio y el egoísmo enfermizo, resolvió viajar para descansar y distraerse. Llegado a un puerto de China, un misionero le invitó a visitar su hospital y comenzando a interesarse en los males de aquella buena gente, y a prestarles, por compasión sus conocimientos profesionales, terminó quedándose al frente del establecimiento, olvidando su propio mal, y curándose por competo.

Monoideísmo

Siendo la causa general, próxima o remota, de estas molestias psíquicas la dualidad del pensamiento el trabajo con ideas parásitas (v. gr.: con obsesiones, prisas o preocupaciones), hemos de procurar el monoideísmo, o unidad de idea para no aumentar nuestros males.

Imitemos a san Bernardo, el hombre más activo y ocupado de su siglo, sobre el cuál pesaban la responsabilidad de su convento, la composición de libros admirables, las consultas de los príncipes y aun los negocios de la Iglesia universal.

Cuando entraba en el templo, decía: "Pensamientos de Bernardo, quedad fuera", y él, desechando toda otra idea, se concentraba tranquilo en la oración.

Confiar

Para quitar fuerza a estas tristezas preocupaciones o ideas obsesionantes, hay que contraponerles la íntima persuasión de que todo pasa en este mundo, de que los males imaginados son siempre mayores en nuestra mente que en la realidad, y que los temores de locura, congestión, muerte súbita, etc., que experimentan muchos nerviosos, nunca se realizan, como lo confirma la experiencia y lo atestiguan los doctores.

Hay que confiar en la propia salud y no inquietarse por ligeros síntomas de malestar. Tan complicado es nuestro organismo, tan expuesto a contrarias influencias, que es naturalmente imposible que funcione un solo día sin un roce en sus innumerables ruedas. Al mismo tiempo está tan admirablemente construido que él mismo se cura de la mayoría de sus desarreglos con tal de que no se lo impidamos. Es preciso decir: "Esto no es nada, pronto pasará". No olvidemos que nuestra atención inquieta, por poco que se fije en una sensación o síntoma, los aumenta y exagera; al revés, cuando la apartamos de allí, el mal disminuye y a menudo se desvanece.

Jamás el temor o el desaliento impidió la llegada a los males que amenazaban. Lo que hace, cuando es exagerado, es disipar y agotar las fuerzas y el necesario valor para salir a su encuentro y resistirles. Si han de sobrevenir, que no comiencen a atormentarnos por el pensamiento, antes de tiempo, pues como dice el refrán: "Vale más un fin horroroso que un horror sin fin".

Desahogo moderado

Procuremos también, por el desahogo con una persona prudente y experimentada, disminuir el desaliento, tristeza, preocupación o temor, y calmar la tensión que producen. Fuera de este desahogo y de las consultas con los especialistas es mejor no hablar de la dolencia y de los síntomas experimentados, pues cuanto menos se piensa en ellos, menos perturban. "Llevar una astilla en el corazón —dice Gar-Mar—, y hablar de otra cosa, es hazaña de fuertes". El desahogo ante Dios, si va seguido de aceptación de lo que se sufre y de mucha confianza en su amor y poder, suaviza la tirantez psíquica.

El dolor es un frasco de fragante aroma. Si lo descubres al egoísmo humano, la fragancia se evapora sin herir su olfato. Si lo descubres a Dios, aceptándolo, subirá hasta Él como incienso y bajará hasta ti como rocío celestial.

Vida consciente

Cuando no tuviese trabajo intelectual, procure el descanso psíquico por medio de sensaciones conscientes, por la atención suave y tranquila a las cosas del mundo exterior.

Al trabajar mentalmente, esfuércese por concentrar allí toda la atención, olvidando el pasado y el futuro y a sí mismo. Esto es fácil de conseguir al principio por breves instantes, hasta llegar por el mejoramiento progresivo de la atención a la concentración normal. Como la raíz del mal está en el dominio del inconsciente sobre el consciente, tales actos, insignificantes en sí, pero plenamente conscientes, y repetidos durante el día, atacan directamente a la raíz del mal, y de paso producen mayor alegría, paz y dominio.

No desanimarse

No es de extrañar que por la mañana se sientan más los síntomas, el desaliento y la fatiga, y por la tarde, después de algunos trabajos, el cansancio sea menor y la tristeza se esfume.

Es que, dominando en el sueño lo inconsciente, hay peligro, al despertar, de continuar bajo su influjo perturbador. Por el contrario, después de actos controlados, aflora la alegría y rejuvenece el vigor.

Tampoco es de admirar la periodicidad de aliento y desaliento, de progreso y de aparentes recaídas y retrocesos. Es condición de muchas dolencias psíquicas y nerviosas. El tiempo y la constancia acabarán con eso.

El doctor Vittoz prevenía a sus enfermos ya curados que sufrirían una o varias recaídas.

Combatir el pesimismo

La imaginación descontrolada tiende al pesimismo y a la exageración de sus males y, por consiguiente, a la desesperación y al desaliento. Es que hechos o experiencias tristes, en otro tiempo conscientes, pero ahora tal vez olvidados, siguen activos en lo inconsciente, tendiendo a sobrecargar con tono pesimista todas nuestras imágenes. Si reflexionamos en nuestros pensamientos y sentimientos, veremos que de principios insignificantes hemos llegado a consecuencias aterradoras.

Un breve examen diario por escrito sobre el curso de nuestras imaginaciones pesimistas nos dará rápidamente esta convicción y el desprecio de esos temores, angustias y preocupaciones. Si disminuimos en un 90 por 100 lo que tememos, aún quedaremos más allá de la realidad. No demos, pues importancia a males imaginados o temores acerca del futuro. Mejor aún, una vez conocido el error o exageración de la deducción inconsciente, saquemos la consecuencia contraria: ánimo, alegría, aliento, optimismo.

La sombra de la cruz es con frecuencia más larga que la
Cruz misma; ¡son tan negras, tan tristes, tan abrumadoras
las cruces soñadas!
- Gar-Mar, S.I.

Ocuparse

Hay que emplear bien el tiempo y distribuirlo en tareas que, al darnos ocupación, en nada nos preocupen. Que sean en lo posible de orden práctico, de utilidad o interés para que intervenga el factor afectivo. Sólo así, al no encontrar la imaginación enfermiza desocupado el campo de la conciencia, no podrá atormentarnos con sus exageraciones tristes y desalentadoras. El ocio y la falta de ideal u ocupación, producen más neuróticos que el trabajo.

Recién casada, contaba una madre que vivía atormentada de temores, entre otros, el de volverse loca. Tuvo un hijo, continuaron los miedos. Tuvo hasta seis y como no era rica, tenía que desempeñar todos los quehaceres de casa. Apenas asomaba una preocupación, el llanto del pequeño le hacía volar a su lado. O se enzarzaban dos en una pelea y allá iba ella a calmarles. O tenía que atender al puchero, o la plancha la reclamaba, o la lluvia amenazaba mojarle la ropa tendida. De este modo algún quehacer perentorio que requería toda su atención, venía oportunamente a matar en ciernes cualquier temor.

El célebre sabio jesuita P. Wassmann venció su depresión entregándose a la observación de las hormigas, en las que llegó a sobresalir, hasta admirar más tarde al mundo con sus libros.

Alegría y optimismo

Contra la tristeza y desaliento, a veces tan naturales, debemos insistir en la alegría y optimismo, fomentando pensamientos, lecturas y conversaciones que alegren y levanten el ánimo.

No pretendamos ahogar en vino la melancolía, pues bebiendo, como dice un autor moderno, no se ahogan las penas, sólo se riegan.

La central que da fluido a nuestros órganos es el optimismo instintivo o procurado, o los sentimientos de alegría y de salud que activan la circulación de la sangre y aceleran los cambios nutritivos.

Si uno duda de sus fuerzas; si se cree enfermo, ya lo está: la central ha bajado de tensión, todas las lámparas lucen menos, nuestros órganos no trabajan tan bien. Las pasiones tristes, como el temor, la preocupación, el desaliento, la intranquilidad la ira, el despecho, la ansiedad, realizan de hecho la frase vulgar: "Me hacen mala sangre".

Toda alegría es curativa y todo desaliento tiende a aumentar el mal. Piscina de salud es la alegría; bañémonos en ella cada día, y habrá más eficiencia y larga vida.

El capitulo XVI de este libro sobre la felicidad, y el XV, sobre vencer la tristeza, ayudarán a producir este efecto.

Manos a la obra

El que tenga cualquiera de estos desajustes persuádase de que no quedó lesionado en sus facultades superiores, sobre todo en la voluntad; lo que pasa es que no sabe utilizarlas.

Estas facultades son fuerzas maravillosas, capaces, cuando están bien dirigidas, de transformar cualquier psiquismo y curar cualquier anomalía. Es preciso saberlas aprovechar. Esto se consigue fácilmente por la reeducación. Así que tenemos en nuestras manos nuestra propia curación. Basta un poco de constancia y de método.

Límite de tus actividades son tus pensamientos. Nadie da un paso más allá de sus convicciones. Si te imaginas no poder esto o aquello, nunca lo harás. "Possunt quia posse videntur", decían los romanos, "pueden porque les parece poder".

Los seis mejores médicos: sol, agua, aire, ejercicio, dieta y alegría, siempre te esperan, curan tus males y no te cobran un céntimo.

SEGUNDA PARTE:
REEDUCACIÓN Y APLICACIONES

IX

SABER DESCANSAR

Quien a sus tiempos descansa
rinde el doble y no se gasta.

El descanso comprende la suspensión del trabajo y desgaste y la recuperación de energías y reservas.

Hay que aprender a descansar.

A) *En vigilia*, en los ratos perdidos, en las horas de comer, de viajar, de recreo, de vida social y religiosa y hasta en momentos de remisión del mismo trabajo.

B) *En el sueño*, cuando estamos acostados.

DESCANSAR EN VIGILIA

1º En la crisis aguda del cansancio cerebral o agotamiento nerviosos. 2º En el cansancio normal.

1º En el agotamiento nervioso

Podemos considerar las células cerebrales como acumuladoras de energía. Por la sangre rica en oxígeno y alimento se cargan normalmente durante el sueño reposado, y mientras tenemos desinterés mental y afectivo con relajación muscular. Se descargan por la atención, que viene a ser lámpara de la mente.

En la atención espontánea y reposada de las concentraciones agradables, la descarga es lenta, casi imperceptible (una lámpara de consumo normal). Es el caso de las células cerebrales que apenas consumen energía.

La descarga será mayor y más sentida en la atención violenta o forzada (lámpara de mayor consumo), o cuando tenemos un centro de atención consciente, v. gr., lo que oímos y leemos; y otro subconsciente, como un escrúpulo vago, un problema latente, un sordo temor o disgusto o prisa (2 bujías, una encendida y otra a medio encender). Son las células que están gastando más de lo normal.

Pero la descarga será rapidísima cuando en vez de una lámpara o lámpara y media son dos las que trabajan a plena luz, quiero decir, cuando tenemos dos centros de atención como quien quiere atender a varios asuntos al mismo tiempo[18]. Serían las células del cerebro consumiendo sus reservas.

Si la batería se gastó mucho, pero no del todo, porque interrumpimos a tiempo o corregimos pronto la doble atención, sentiremos fatiga mental fácilmente recuperable. La fatiga será mayor y su recuperación más difícil si se agotaron las reservas, ya sea porque estaba el acumulador a medio cargar a raíz de una enfermedad o debilitamiento general, o porque la violenta atención se prolongó mucho tiempo, o porque la doble lamparilla consumió demasiado.

Pero si el estudiante ya agotado por noches de estudio forzado ante la inminencia del examen, o el industrial o profesional nervioso, irritado y a punto de estallar por preocupaciones, ansiedad y prisa, continúa exigiendo a sus células más y más energía, éstas, que no tuvieron tiempo para rehacerse y que ya no tienen más que dar, irán tal vez adelgazando sus paredes tubulares internas para suministrar toda la energía posible y pronto sobrevendrá el agotamiento verdadero o "surmenage", el "over-work" de los ingleses, tanto más difícil de curar cuanto mayor sea el adelgazamiento tubular.

---

[18] Probablemente no se da la doble atención consciente, sino un cambio rapidísimo de una idea a otra.

Entonces el sentimiento de fatiga, acompañado de pesadez o calor en la frente o por las órbitas; y seguido de ideas tristes y deprimentes, suele ser intenso y difícil de dominar.

Por eso el primer remedio es hacer que el paciente se olvide de sí mismo y de su malestar.

Los especialistas obtienen este efecto, orgánica y violentamente echando mano de inyecciones, choques eléctricos, etc., que producen el olvido o el sueño artificial. En casos menos graves, tal vez no será necesario recurrir a esos extremos, pudiéndose alcanzar resultados semejantes por medios menos violentos y más naturales, como por ejemplo, viajando por algunos días, mudando de habitación y de ocupación; procurando entretenimientos que entusiasmen e impidan los recuerdos deprimentes.

Las nuevas drogas tranquilizadoras facilitan este olvido.

Evite el permanecer inactivo o desocupado, pues si los sentimientos deprimentes encuentran vacío el campo de la conciencia, se lanzan a ocuparlo y a atormentarle. En una palabra, procure ser objetivo, conducirse durante el día como receptor del mundo exterior, de modo que no dé lugar ni tiempo al mundo interior, a los pensamientos y sentimientos subjetivos. Comience después el trabajo de reeducación por las sensaciones conscientes y las concentraciones voluntarias (III y IV).

2º En el cansancio normal

Ya que éste proviene del trabajo del cerebro emisor, de la atención forzada, debemos hacernos receptores mediante las sensaciones conscientes.

Aplicar la *vista*: *dejar que el objeto penetre dentro* de nosotros tal cual es, sin modificaciones subjetivas, sin comparar, sin discutir sobre las causas y efectos, etc. De lo contrario, ya estamos emitiendo ideas. *Mirar como los niños*, con naturalidad, sin ansias, sin querer abarcar todos los detalles. Contemplar, v. gr., una lámpara, un paisaje, una flor, un detalle, etc. Procurar un efecto de conjunto que, con la costumbre, cada día será más nítido.

Oír un ruido próximo o lejano: tener conciencia de él por algunos segundos, o bien darse cuenta de la falta de ruidos. Aplicar los oídos sin atención forzada. Repetir estos actos cinco veces por la mañana y por la tarde. Con estos ejercicios calmaremos la irritación, la hiperestesia del oído.

Palpar, sintiendo el frío o la dureza de cinco objetos. Perciba lo que le hiere al principio. No tocar, sino acariciar con la mano.

Óptimo ejercicio sedante y restaurador es el que utilizaba un estudiante a raíz de un "surmenage". Apenas podía atender más de tres cuartos de hora. Tenía tres clases seguidas con cinco minutos de interrupción. Los dedicaba a la respiración científica unida a la gimnasia: daba cinco pasos aspirando profundamente el aire por la nariz procurando sentirlo en la parte superior junto a la frente y no en las aletas, porque las cerraba; lo exhalaba después suave y pasivamente, mientras daba diez pasos. Durante este ejercicio, su atención se ocupaba en oír el aire que entraba por la nariz o en sentir los pasos, etc. Conservándose así "mero receptor" por espacio de cinco minutos descansaba de la clase precedente, y el aire puro y la circulación activada le libraban de muchas toxinas.

Descanso por el buen empleo del tiempo

Ya hemos dicho que la ociosidad no es remedio, ni en la fatiga excesiva ni en la normal. Es mejor cambiar de ocupación que estar sin hacer nada. Sobre todo si la ocupación, al agradarnos, nos da perfecta concentración. De ahí que el saber emplear los tiempos libres es fuente de salud, eficiencia, felicidad y longevidad. Así tendremos más interés y seremos más interesantes. Los trabajadores manuales deberían interesarse en las artes liberales, aficionarse a la ciencia, a un trabajo social o religioso, a los libros. En cambio, aquellos cuyo trabajo es sobre todo intelectual, deberían entusiasmarse con ocupaciones exteriores que exijan algún esfuerzo muscular o habilidad manual. Así descansarán mejor que con sólo cambiar la materia de su estudio. La respiración profunda es su mejor descanso.

¡Cuántos jóvenes religiosos o seminaristas han hallado ese perfecto descanso a sus estudios empleando una hora al día o varias horas o días durante vacaciones en construir viviendas para obreros pobres!

Descanso afectivo

Es también un buen remedio el procurar sentir algún afecto, v. gr., cariño a nuestros familiares.

Así la madre que siente cariño actual por su hijo, descansa trabajando para él. Actos de respeto, de confianza, de amor a Dios en la oración. Sentimiento amoroso de su divina presencia en todas partes, sobre todo en nuestros prójimos y en nosotros mismos por la gracia.

Lo que precede tiende a evitar el sobreesfuerzo mental y la preocupación afectiva. Pero junto con ésta, o causada por ella, hay otra sobreexcitación nerviosa y tensión muscular que repercute fácilmente en manos y pies, en el diafragma, en el rostro, y sobre todo en los ojos, que a menudo no se relajan totalmente ni en el sueño. Si con ejercicios acomodados dejamos tranquilos nervios y músculos, también el espíritu se aliviará. De la misma manera, si relajamos la mente, relajaremos también con más facilidad todos los miembros. Como el alma y el cuerpo están tan unidos formando una sola persona, es lógico que toda modificación del uno influya en la otra.

Relajemos, pues, cada músculo, dejándolo suelto: comencemos por la frente, que perderá sus arrugas o contracciones nerviosas, si aflojamos los ojos dejando caer suavemente los párpados e imaginando que el globo se hunde dentro de las órbitas. Sigamos por la boca, dejando que sus ángulos suban y no bajen. Soltemos las mandíbulas y la lengua haciendo que su punta toque levemente la raíz de los dientes inferiores (cara boba). Dejemos que las manos caigan suavemente en el suelo sin ningún esfuerzo. Aflojemos los músculos del cuello, de las mandíbulas, del pecho, del vientre, etc. Es el ejercicio ideal para inducir al sueño. Hay también gimnasia y masaje para obtener esa relajación, y drogas como el Mefenesin.

Descanso por la respiración rítmica

Esta comprende tres tiempos: inhalar, exhalar y descansar sin tener prisa por tomar aire de nuevo hasta que nos fuerce el organismo. En este tercer tiempo se consigue la máxima relajación.

Un día, en Nueva York, después de haber tenido cuatro conferencias, me encontraba exhausto a media tarde y con otras dos pláticas en perspectiva. Me tumbé sobre un diván, comencé a tomar aire activamente, luego a expelerlo con naturalidad, y en seguida a descansar hasta que el organismo me impelía a inspirar de nuevo. En esos momentos de quietud aflojaba con más facilidad los ojos, la frente y todos los músculos. A las pocas respiraciones quedé dormido. Diez minutos después despertaba completamente rehecho y con la mente lúcida como si hubiera pasado una noche descansando.

Descansar la vista

Los múltiples nervios y músculos de acomodación del globo y de la movilidad ocular se ponen tensos por la preocupación, ansiedad o agitación psíquica. Si antes de acostarnos no los relajamos, tampoco se soltarán del todo en el sueño, máxime si la tensión fue honda y prolongada. Continuando este proceso por semanas y meses llegarán a perder su elasticidad y no podrán acomodar bien el ojo: presbicie, miopía, etc. Para relajarlos proponemos varios ejercicios recomendados por la experiencia y por el oftalmólogo Dr. Bates y sus discípulos.

1º *El palmeado.* —Sentado cómodamente y relajado todo el cuerpo, deja que los párpados caigan suavemente, cerrando los ojos sin presión. Piensa en el globo del ojo, como suelto y blando y libre de tensión en su derredor. Piensa en una sonrisa y que ella se extiende por los ojos cerrados. Imagina que no hay en ellos luz alguna. Todo blando y negro. Cúbrelos con las palmas de las manos algo ahuecadas para que no opriman el globo ocular y apoya los codos sobre las rodillas juntas, relajando los músculos de la respiración.

Lo importante es que los ojos estén cerrados, relajados al máximo y bien cubiertos. Cuanto más negro sea el color que se vea, tanto mayor relajación y descanso. La mente debe reposar también, o dejándola vagar en cosas agradables, o imaginando que la oscuridad se torna más y más negra. Diez o veinte minutos, dos o tres veces al día, producirán gran descanso corporal, y aun psíquico, y con frecuencia mejorarán y hasta podrán curar defectos funcionales de acomodación.

Quien esté agitado o cansado al acostarse, sacrifique algo de sueño para relajar antes sus ojos, y dormirá mucho mejor.

2º *Parpadear con frecuencia.* —Cada diez segundos más o menos. Es el descanso que la naturaleza reclama espontáneamente. Los ojos fijos son antinaturales: es un hábito perjudicial y causa de la fatiga y tensión, o causados por ellas.

3º *Baños al sol.* —Cerrados sin presión los párpados, se ponen de cara a un sol no muy intenso moviendo suavemente la cabeza o el globo ocular para que los rayos solares vayan activando por igual todo el ojo. Varios minutos, una o varias veces al día, aclaran la visión, amortiguan el dolor o pesadez de cabeza, relajan la tensión muscular, mejoran la respiración y nos libran de la fotofobia[19].

4º *Baños con agua fría.* —El mismo efecto se consigue también salpicándolos sucesivamente unas veinte veces con el agua que cabe en la palma de la mano. Los ojos han de estar suavemente cerrados.

5º *Ojos pasivos.* —Después de estos ejercicios, abrir los ojos y mirar. Dejar que la vista del objeto o del libro venga ella sola a descansar en el ojo, no ir nosotros en su busca. El esfuerzo para ver nos impide ver bien.

El ojo normal no trata de ver al mismo tiempo un gran espacio, por ejemplo, toda la línea, sino una o dos palabras. Pero su movimiento es tan rápido que nos da la impresión de que abarca un gran espacio. Cuando quiere ver todo a la vez, está en tensión. Relajemos, pues, y soltemos el ojo y veremos sin fatiga. Captemos cada detalle, a su tiempo, sin prisa por verlo todo.

6º *Enfoque central.* —En los que han sufrido agotamiento cerebral, por la lectura apresurada y angustiosa, suele quedar un miedo de gastarse si se fijan en las palabras o letras y van con prisa por

---

[19] Fotofobia = miedo a la luz, a la claridad. Esto iría contra la opinión tradicional de muchos oculistas, pero la explicación y las experiencias del Dr. Bates y de su escuela parecen probarlo suficientemente.

ver lo que sigue. Entonces falla el enfoque central; la visión no es tan nítida; habrá también nerviosismo, la respiración dejó de ser profunda y vendrá la fatiga.

Si en cambio dejan entonces que el diafragma se afloje y que la inspiración se sienta en la nariz junto a los ojos, y si hacen unos minutos de enfoque central, sentirán alivio. Este enfoque consiste en fijarse en una letra o palabra de cada línea o párrafo deteniéndose un instante en ello hasta verla con toda nitidez, brillo y relieve. Aparecerán casi en negrita. Unos minutos de este ejercicio aumentarán su concentración.

En la lectura veloz o dinámica el enfoque central no se fija tanto en las palabras, o en su sonido, como fonemas, sino en las frases y en su sentido.

Esa lectura veloz tras pocas semanas de ejercicios adecuados y graduados nos permitirá duplicar y aun multiplicar la velocidad y comprensión en la lectura.

Cautelas para la convalecencia. —Después de una enfermedad, también los ojos están convalecientes. En una debilidad o cansancio general, también ellos están débiles. No les hagamos trabajar entonces como si estuvieran sanos.

La lectura es una de las tareas más difíciles para los ojos. Los enfermos deben leer poco o por poco espacio, y cerrando frecuentemente los ojos, para descansar, sin hacer esfuerzo para leer.

DESCANSAR EN EL SUEÑO

El descanso, decíamos arriba, comprende la suspensión del trabajo y desgaste y la recuperación de energías y reservas. Esto se consigue en grado máximo por el sueño perfecto, sin ensueños excitantes ni pesadillas. Porque...

1º En él se suspende el trabajo cerebral (pensamientos, imágenes, sentimientos) y las funciones de la vida de relación. Sólo habrá movimientos automáticos y cambios de postura por compresión excesiva de miembros. Si algún músculo no se ha relajado bien, sentiremos en él dolor o pesadez al despertar. Las sensaciones espontáneas y la vida subconsciente disminuyen y cesan en proporción a la profundidad del sueño y a la relajación muscular.

2º En el sueño se reducen sin suspenderse algunas funciones de la vida vegetativa. La respiración es más lenta, profunda y rítmica, baja de unas 16 respiraciones por minuto a unas 12, y los latidos del corazón de 70, o más, a unos 60 por minuto. La circulación lleva menos sangre al cerebro. La temperatura desciende un poco. El desgaste en todo el organismo es mínimo.

3º En cambio, se activan las glándulas del sudor, y la recuperación en las células nerviosas y en la sangre (más glóbulos rojos) y se hace más eficiente la defensa contra los microbios y la limpieza y eliminación de impurezas y escorias, realizada por el hígado y los riñones.

Distingamos ahora entre descanso y sueño

Sin descanso no podemos vivir; sin sueño, sí. En otras palabras, sin esa suspensión de desgaste y sin esa recuperación de energía, a la larga no se puede conservar la actividad, ni la vida. Pero si, aunque no perdamos del todo la conciencia, nos mantenemos en la cama con absoluto desinterés y paz mental y con perfecta relajación muscular, llegaremos a conseguir ochenta, noventa o más grados de descanso en una noche. Si al sueño perfecto le damos cien grados de descanso, al sueño intranquilo y con pesadillas no le podremos asignar sino setenta, o menos grados de recuperación.

Según eso: 1º No hay que preocuparse tanto de no dormir, sino más bien hay que aprender a descansar. En otras palabras, no debemos ir a la cama a dormir, sino a descansar. La sabiduría popular nos lo legó en aquel refrán: "Si no duerme el ojillo, que descanse el huesecillo".

2º Tampoco hemos de dar importancia a la cantidad de sueño, sino a la calidad. Cinco horas de sueño o descanso perfecto bastarían de suyo para rehacernos del desgaste diario.

3º Cuando no podamos dormir, consolémonos de que se nos ofrece una magnífica oportunidad para aprender a aflojar mejor los músculos, que con frecuencia conservan, aun en el sueño, una tensión residual. Así sabremos conseguir mayor descanso para el futuro.

Con esta perfecta relajación y el desinterés mental y afectivo, recuperaremos casi tantas energías como durmiendo y podremos trabajar normalmente al día siguiente.

El padre G., director de un gran colegio, comenzó a no poder dormir, a raíz de una enfermedad. Al principio se preocupó un poco por esto. Pero luego se dijo a sí mismo: "Ya que no puedo dormir, por lo menos voy a descansar en la cama", y procuraba estar en ella con perfecta relajación corporal y tranquilidad mental. Así pasaron semanas y meses, sin que por eso tuviese que dejar su cargo. Me confesó que durante seis meses no recordaba haber dormido un minuto con pérdida total de la conciencia[20]. Finalmente, al perder el miedo al insomnio y despreocuparse del sueño, fue éste volviendo poco a poco.

Sin embargo, hay casos, perfectamente controlados por la ciencia, de personas que han vivido con plena salud sin dormir nada por muchos años: un campesino andaluz pasó así 22 años. Doctores llegados de otras provincias y naciones pudieron observarle a discreción de día y de noche, y comprobar ser eso verdad. Eso sí, descansaba perfectamente durante siete u ocho horas.

También un industrial de Braga (Portugal) lleva así ya 23 años sin dormir. Especialistas de todas partes también le vigilaron y observaron.

El dormir con pesadillas deja de ser perfecto reposo pues en ellas nos agitarnos inconscientemente como en la emoción. Pero el tener cada noche algunos ensueños tranquilos sería normal como parece probarlo el electroencefalógrafo.

Actividad eléctrica del cerebro. —Aplicado este aparato a los que van a dormir, nos descubre que el sueño, eléctricamente no es

---

[20] Los que sufren insomnio suelen creer que no duermen nada, pero la experiencia con frecuencia prueba lo contrario.

continuo como creíamos, sino que se desarrolla en periodos de setenta a noventa minutos repetidos 4 o 6 veces cada noche. En cada periodo distinguimos 4 fases.

1ª Cuando aun despiertos, aflojamos los músculos, la ondulación del ritmo eléctrico se aplana y al adormecernos, desaparece, quedando sólo algunas ondas. Duración: 13% del tiempo.

2ª Ya dormidos aparecen 14 veces por segundo nuevos elementos eléctricos: usillos, puntos, etc. Este sueño superficial dura 40% del periodo o media hora larga cada vez.

3ª En el sueño profundo, que absorbe un 38% del periodo, esos elementos se entremezclan con las ondas, cada vez más amplias y lentas. Estas, al aumentar la profundidad del sueño, se harán de alto voltaje y el ritmo, más puro: 1-3 por segundo. Entretanto la frente se va enfriando más que los dedos.

4ª *Fase paradójica, de sueños.* —Parece un contrasentido que en esta fase, cuando los músculos están sin tono, sin movimientos, ni reflejos simpáticos, cuando fisiológicamente estamos bien dormidos, empieza a aumentar el pulso, la respiración, la dilatación vascular (creciendo también la irrigación del cortex en un 40%) y el calor de la frente (hasta igualar al de los dedos y superarle al fin de la fase), es extraño digo, que de repente aparezcan también movimientos rápidos coordinados y extensos en los ojos como de quien está siguiendo escenas movidas. Empezó la fase de los sueños que dura de 3 a 9 minutos en los primeros periodos, y de 15 a 20 en los últimos. Y el periodo y sus fases vuelven a comenzar de nuevo.

En las otras fases se dan a veces movimientos oculares y algún que otro sueño que difícilmente se recordará, a menos de despertar antes de los 10 minutos.

Según esto el soñar varias veces cada noche parece normal, incluso beneficioso. ¿Será tal vez un intento inconsciente de solución simbólica o alivio de tensiones o problemas psíquicos? Si despertamos una y otra noche a los que sueñan cada vez que mueven los ojos, en la 3ª noche muestran excitación, irritación y angustia. En la 4ª, dejándoles soñar se compensan soñando el doble.

Duración del sueño. —Debe acomodarse a la edad, clima, raza y actividades del sujeto. Como norma general podríamos admitir la división del día en tres partes iguales: ocho horas para el trabajo, ocho para las comidas, deberes sociales y religiosos, distracción, etc., y ocho para el descanso. Los lactantes sólo tienen unas 4 horas de vigilia. Despiertan para librarse de tensiones como hambre, orina, posturas incómodas, y se duermen en cuanto se sienten satisfechos y limpios. Los niños hasta los cuatro años duermen doce o más horas. Hasta los 12 de nueve a once horas. Ocho o nueve horas los jóvenes en la edad del desarrollo, y pasados los cuarenta años, bastarían siete y aun seis horas de sueño, incluyendo en ellas la siesta o la última hora del sueño, que suele ser menos reposada. Pero a los ancianos por aumento de fatiga y debilidad habría que recomendarles 8, o más horas de reposo aunque no duerman. En invierno o en climas fríos dormimos más que en verano o en los trópicos. Necesitan más sueño las personas que tengan más desgaste, v. gr., más actividad corporal o mental, o menos reservas, como los débiles o mal alimentados. Hay personas que duermen sólo 4 horas, pero al sentirse cansadas cierran los ojos y en unos segundos se hunden en sueño profundo y reparador para levantarse como nuevos a los 5-10 minutos.

El inventor Edison en la fiebre de su descubrimiento pasaba las noches trabajando, pero cada dos o tres horas, de día y de noche se tomaba una siestecita de unos 10 minutos, y así pudo resistir muchos meses. Esos 10 minutos de pleno descanso, aun sin dormir equivaldrían a una hora de sueño en la noche. Los microsueños que todos tenemos, cuando muy cansados, apenas duran segundos y a veces ni se cierran los ojos, pero nos dejan el cerebro descansado.

Otro inventor, Buckminster Fuller, tomaba siestas de 30 minutos cada 3 horas de día y de noche y con esas 4 horas divididas de descanso pudo trabajar a pleno rendimiento durante un año.

También hay estudiantes que interrumpen el sueño nocturno a las 3 horas y lo reanudan después de trabajar 2 y confiesan que con esas 6 horas de descanso dividido se sienten mejor que con 8 horas de sueño seguido.

El dormir demasiado, además de la pérdida de tiempo y embotamiento de los sentidos, de la inteligencia y de la voluntad, debilita el cuerpo y hace que algunos organismos nerviosos queden más propensos al descontrol por la mayor vivacidad y la dificultad en descansar de nuevo.

Causas de los sueños o pesadillas

Pueden ser causas: a) *corporales*, v. gr., posturas incómodas, enfermedades que dan dolor, calentura, ahogo, o gran debilidad, necesidades naturales no satisfechas, mala digestión, etc.; b) y sobre todo suelen ser causas *psíquicas*, como falta de dominio de los pensamientos y sentimientos durante el día, máxime de los que preceden al sueño; o bien temores o problemas no resueltos, remordimientos de conciencia, impresiones fuertes, por el cine, novela o cuentos terroríficos nocturnos, estudio o trabajo reciente con ansiedad o con ideas parásitas.

Remedio. —Eliminar en lo posible las causas corporales. Resolver sus problemas o aceptar, sublimándolo, lo que no tenga solución. Dar paz a la conciencia reconciliándose con Dios. Evitar las impresiones fuertes y el trabajo con ansiedad, máxime por la noche. Si estamos agitados, serenarnos y controlarnos por medio de sensaciones conscientes o afecto suave durante 15 ó 30 minutos antes de acostarnos. Para muchos religiosos, familias cristianas o colegios católicos, es esto facilitado por la oración de la noche o examen de conciencia, o por las "buenas noches" salesianas. Si alguno se despierta con pesadillas no debe dar media vuelta y continuar durmiendo, pues así continuará también soñando, sino que debe levantarse o despertarse del todo, y luego por medio de actos plenamente conscientes durante diez o veinte minutos, cortar el hilo del sueño.

Posturas en el sueño. —El estar recostado sobre la espalda con la cabeza hacia un lado sería la postura que ofrece mayor relajación, pues el peso del cuerpo está repartido entre más músculos. Por eso también es la que más perdura. Las otras, v. gr., sobre el vientre, o de un lado, sin excluir (como se hacía antes) la del lado izquierdo, pueden ser también aceptables, aunque durarán menos, pues las cambiamos pronto inconscientemente, al sentir excesiva opresión en algunos músculos. Cada noche solemos aliviar esas presiones 26 y hasta 60 veces, máxime en verano. Pero los nerviosos deberían evitar tales movimientos antes de dormirse y resistir por media hora a los impulsos de cambiar de postura por calor, nerviosismo, etc. Insistan, por el contrario, en aflojar mejor los músculos. Sólo el dormir boca arriba sería desaconsejable pues cuando la lengua se relaja caerá hacía atrás de la boca y podrá estorbar la respiración y producir el ronquido y también porque al despertar en esa postura, algunos se encuentran sin poderse mover por algún tiempo, con la consiguiente angustia.

La siesta será aconsejable siempre que se consiga en ella un descanso o sueño reparador, y que no constituya un impedimento para la digestión o para un pronto adormecimiento por la noche. Y aunque no se consiga ni se pretenda dormir, siempre será provechoso el reclinarse por 10-15 minutos, procurando un descanso completo por la relajación muscular y el desinterés mental y afectivo. Al mediodía la tensión y el desgaste no han llegado todavía al sumo. Es fácil entonces remediarlos haciendo que bajen por la siesta. Si continúan subiendo todo el día hasta el tope se hace más difícil repararlo en la noche.

Insomnio

Amigo lector, antes de que leas los párrafos que siguen, te quiero advertir de la siguiente experiencia:

Varias veces, después de mis conferencias sobre el insomnio, he sabido de algunos de mis oyentes que nunca habían tenido dificultad en dormirse y la experimentaron la noche que siguió a la conferencia. La razón es que, siendo el sueño una función automática, al hacerla consciente y voluntaria la perturbamos. Si tú no has sufrido insomnios, no leas esto como para practicarlo, sino como una curiosidad psicológica. Cuando lo llegues a necesitar sabrás encontrarlo para releerlo y ponerlo en práctica.

Ocasión del insomnio. —El insomnio puede originarse por agentes externos: mosquitos, flores muy aromáticas, ruidos extemporáneos y molestos, ronquidos, luz excesiva, cama nueva, frío, calor, etc. Pero si estas circunstancias no son muy pronunciadas las podríamos llamar ocasión más bien que causa del insomnio, ya que otras personas pueden dormir a pesar de ellas. Evitémoslas en lo posible, pero también deberíamos curtirnos y dominar la excesiva sensibilidad. A los pobres o a los pueblos de nivel de vida menos elevado no les afectan tanto. Contra el calor excesivo se puede tratar de activar la circulación en la piel refrescando con agua la cabeza, el vientre, las piernas.

Causas del insomnio

A) Entre las causas *orgánicas*, por lo menos predisponentes, hay que poner algunas enfermedades, la vejez prematura, el reuma avanzado, el endurecimiento de las arterias, un dolor fuerte, la mala circulación, la intoxicación alcohólica, de tabaco o de café, y también la falta de calcio y de vitamina D y B6. Esta deficiencia se remedia tomando más leche y melaza negra. En North Western University, a personas con nerviosismo e insomnio les administraron las otras vitaminas B sin gran resultado, pero al darles la B6 recobraron prodigiosamente la tranquilidad y el sueño.

B) *Causa fisiológica.* —Observemos a uno que esté sentado dormitando. Se le cierran los párpados se le caen la cabeza, los brazos, los dedos, etc. Eso significa que hay que aflojar los músculos para dormir. Si éstos siguen tensos, nos costará conciliar el sueño. Según esto, la tensión muscular será la causa inmediata fisiológica del insomnio. Pero la tensión muscular obedece a la excitación de los nervios y éstos se excitan por las ideas y sentimientos.

El *mecanismo fisiológico* responsable del sueño no está aún bien dilucidado. Se creyó mucho tiempo que era debido a la separación de las dendritas o interrupción de la corriente nerviosa, al cesar la actividad consciente. Otros lo explicaban por la correlación entre la actividad del simpático y del parasimpático. De donde al amortiguarse o disminuir, por la tranquilidad mental y la relajación, la actividad del primero, que regula nuestra vida consciente, se equilibra con la del segundo hasta llegar a producir el sueño. Hoy se admite generalmente la participación del hipotálamo.

La Dra. Mary Brazier descubrió en 1949 que una vez relajados los músculos, cuando pasamos del estado semiconsciente al inconsciente las ondas cerebrales (pequeñísimas cargas eléctricas) cambian bruscamente de la parte posterior de la cabeza a la anterior.

C) *Causa psíquica.* —En cualquier teoría, lo que produce sobreactividad del sistema nervioso o del hipotálamo, es el trabajo desordenado del cerebro o una emoción descontrolada. Hoy será una idea fija no dominada o una cinta de ideas sobre lo que vimos u oímos durante el día. Mañana será un conflicto afectivo, o financiero, o de conciencia, o una preocupación o tristeza o el simple temor al insomnio ya experimentado. Otro día, en fin, la ira o la no aceptación de algo que se nos impone, como un ruido inoportuno y desagradable, o el roncar de un vecino, etc.

Sería un contrasentido decir a un nervioso que se está acostando: "A dormir rápidamente, que hay poco tiempo", pues esta orden suscitaría en él un ansia de dormir pronto o un temor a no hacerlo, y al querer por la voluntad consciente atraer el sueño, lo perturbaría. El sueño es como la sombra, si vamos tras él, huye de nosotros. Cuanto menos se piense en él, mejor.

Remedios del insomnio

Drogas, somníferos. —No son remedios, sino paliativos para salir del apuro. Se pueden usar en casos excepcionales por poco tiempo y bajo inspección médica. Pero no curan, nos dejan más débiles para luchar y superar el insomnio, y muchos de ellos dan un sueño poco reparador y dejan después sensación de cansancio que se puede tornar crónica.

El verdadero remedio es doble: A) desinteresarnos de todo (descanso mental, psíquico); y B) aflojar los músculos (descanso corporal, somático).

A) Descanso psíquico

1. *A nuestras preocupaciones, pasiones y negocios* hay que oponer al ir a descansar el siguiente letrero: "Cerrado temporalmente por causa de reparaciones", es decir, hay que cortar toda conexión mental o afectiva con el mundo. Que toda idea resbale, que ningu-

na se agarre a nosotros con gancho de temor o deseo. Cuando hay problemas acuciantes, preocupaciones graves, conflictos afectivos, habrá que descubrirlos y solucionarlos cuanto antes según las normas dadas para los sueños o para la vida afectiva; pero al ir a dormir hay que desinteresarse también de hallarles entonces solución. A lo sumo decidiremos solucionarlos o aceptarlos al día siguiente.

2. Al cerebro emisor que tiende a dar vueltas a una idea que nos preocupa o a recorrer las vivencias del día, hay que oponer el cerebro receptor, dándonos cuenta: de los ojos que se aquietan, de la mandíbula que se suelta, de los miembros que quedan bien apoyados y como muertos, de los músculos que se aflojan, de la respiración cada vez más rítmica, natural y profunda, etc. Estas sensaciones conscientes frenan toda idea excitante y gasto de energía.

3. *Contra el ansia de dormir o el temor de no hacerlo.* Después de una o varias noches de insomnio, vamos a la cama con un temor o angustia latente de no dormir, muy compatible a veces con la resignación interior. Notaremos entonces que la respiración no es enteramente libre y profunda, ni la relajación muscular completa. Ese algo que las liga es la angustia o temor, es la emoción descontrolada. Entonces también hay que desinteresarse de todo, incluso del sueño.

Sólo nos interesa el descansar, pues eso es necesario para vivir y para trabajar, no precisamente el dormir. Y eso es también lo más grande que entonces podemos hacer. Pues es lo que Dios quiere de nosotros en este tiempo. Y ningún mal grave se nos sigue de no dormir, si logramos descansar bien.

El remedio mejor, aunque parezca extraño, es pedir al enfermo que quiera no dormir, sino descansar por un tiempo determinado (una o dos horas). Si la voluntad o promesa fue sincera, notará al mismo instante que la angustia latente cesa; la respiración, antes un tanto entrecortada, comienza a ser más natural y profunda; desaparecido el temor de no dormir (ya que él mismo lo quiere), el cerebro emisor deja de trabajar, disminuye la actividad del hipotálamo y del sistema nervioso y consiguientemente el enfermo siente la sensación de sueño. Pero ¡ojo!, debe ser fiel a la palabra empeñada y resistir al sueño durante el tiempo prefijado, so pena de inutilizar el remedio. Hágase lo mismo aunque hubiese que sacrificar varias horas o una o varias noches. Esté cierto que triunfará de su enemigo.

B) Descanso somático

Aflojar los músculos. —La parte orgánica del remedio es relajar bien todos los músculos, empezando por los ojos.

1. Que los párpados se cierren solos, sin presión ninguna. Esto, que es fácil al acostarnos, cuando el cansancio los cierra espontáneamente, suele ser difícil cuando retrasamos el sueño más de lo acostumbrado, y sobre todo cuando despertamos a media noche o al amanecer y queremos seguir durmiendo. Entonces hay peligro de cerrarlos violentamente. Mantengámoslos ligeramente abiertos hasta que ellos se cierren.

2. Que el globo ocular esté también flojo y blando y no como mirando fijamente a través de los párpados cerrados. Hagamos como si lo virásemos o levantásemos hacia arriba, o como si lo dejásemos que se vaya atrás y se hunda en la órbita, o como si ésta se vaciase de él. Tales imágenes auxiliares ayudan a aflojar los músculos que sostienen los ojos suspensos en las órbitas.

Si al estar a punto de dormirte hay movimiento de muebles o personas en el piso superior o en el inquilino de la derecha, o un bocinazo en la calle, notarás en tus ojos una pulsión como para moverse hacia arriba o abajo, hacia la derecha o hacia la izquierda, o en la dirección del ruido; es el comienzo de tensión en tus ojos. Si entonces los aflojas más como quien nada teme, seguirás durmiéndote.

3. Para conseguir todo esto y que los otros músculos se aflojen, ayudará poner "cara boba", con la mandíbula inferior caída, los pómulos y labio superior algo levantados y la lengua suavemente posada sobre la mandíbula inferior. Los que duermen con las mandíbulas apretadas, al acostarse deberían provocar varios bostezos, abriendo bien la boca, como quien introduce en ella una manzana. El bostezo es un buen somnífero por la perfecta respiración y relajación que induce.

4. Sigamos aflojando los demás músculos: los del cuello; que no lo sostengamos. Los de los brazos, manos, piernas, pies y dedos; que estén todos como muertos, sin movimiento, sintiendo en ellos la fuerza de la gravedad.

Imaginémonos que son de hierro y caen, pesados sobre la cama.

5. Imitemos la respiración lenta, profunda y rítmica de uno que está durmiendo y atendamos a conservar en la nuestra el ritmo personal con los tres tiempos: inhalar, exhalar y descansar, sin tener prisa por inhalar de nuevo hasta que el organismo nos fuerce a hacerlo. En este precioso tiempo de reposo se notará que podemos aflojar mucho mejor los ojos, el rostro, etc. Muchas personas al practicar esto después de mis conferencias, me han confesado que para la décima respiración rítmica ya estaban dormidas. Una de Guatemala lo empezó a conseguir habitualmente después de haber sufrido 5 años de insomnio.

6. *Si hubo previa excitación nerviosa*, v. gr., después de una actuación pública, o un gran susto, o una contienda o arrebato de ira hay que serenarse y dominar la excitación antes de acostarnos. Veinte minutos podrán bastar si durante ellos impedimos que esos recuerdos nos vuelvan a excitar. Hagamos en ese tiempo actos o sensaciones conscientes o concentrémonos en algo fácil y agradable; así podremos calmar la mayor excitación.

Tuve experiencia de esto al recibir el destino para misionar en China. Siempre lo deseé por motivos sobrenaturales; con todo al recibir la carta, por la noche, me impresionó. Era un nuevo rumbo para toda mi vida; renunciar a la Patria, a la mentalidad, a la lengua. Estuve dando vueltas en la cama durante una hora sin poder conciliar el sueño. Entonces me acordé del remedio; me levanté, encendí la luz y apliqué el método de las sensaciones conscientes. Después de media hora de este ejercicio, ya tranquilizado, me acosté y conseguí dormirme en cinco minutos.

Contra un ruido importuno (roncar del vecino, estruendo de carruajes, tic-tac del reloj, etc.). Adviértase que el barullo no es causa sino mera ocasión del insomnio, puesto que en el tren dormimos con mucho más ruido. Las causas inmediatas y verdaderas son las ideas despertadas por él y que no dominamos (indignación, impaciencia, ansia de dormir, etc.) El remedio está en querer oír el ruido, en hacerse receptor voluntario y darse cuenta de él sin modificarlo subjetivamente con otras ideas. El oído tiene como objeto propio suyo el sonido; debe, pues, poder encontrar en él su satisfacción.

En una peregrinación al Santuario de Nuestra Señora de Coromoto, Patrona de Venezuela, dormía yo con otro en el mismo cuarto. Apenas acostado, comenzó a roncar. Al principio me impacienté. Después de media hora apliqué la receta: quise oír sencillamente el ronquido, darme cuenta nítida y con paz de su ritmo y variedad, y poco después me dormí. Al despertar durante la noche (el estruendo era como para despertar a un muerto) aplicaba el mismo método y volvía a dormirme inmediatamente.

Otras ayudas orgánicas

1. Levantarse temprano y hacer ejercicio físico durante el día.

2. Cena frugal con dieta lacto-ovo-vegetariana, rica en vitaminas, fósforo y calcio con pocas grasas o frituras.

3. Digestión terminada antes de acostarnos.

4. Evitar entretanto todo trabajo mental fuerte o apresurado.

5. Paseo moderado de noche, gimnasia, movimientos rítmicos inmediatamente antes de acostarse, para descansar de ellos en la cama.

6. Si hay tensión en los ojos, practicar el "palmeado" (pág. 122, 1º).

7. Provocar el bostezo abriendo bien la boca y ensanchando la garganta.

8. Si hay nerviosismo o congestión en la cabeza, usar agua fría, ducha, envoltura fría del tronco, compresas en el vientre o baños derivativos fríos o calientes seguidos de fricción fría. Esto calma los nervios y atrae más sangre a la piel, descongestionando la cabeza.

9. No leer en la cama.

10. No variar mucho la hora de acostarse. Porque, al acercarse ésta, desciende la temperatura del organismo preparándolo así

para el sueño. Si entonces no aprovechamos esa disposición, sino que elevamos de nuevo la temperatura central por la acción, luego nos costará más dormir.

RESUMIENDO PARA DORMIR

Antes de acostarse	Evitar excitaciones o emociones fuertes. Si las hubo, serenarse antes. Desinterés mental y afectivo por todo, incluso por dormir. Interesarse solo en descansar.
Acostado	Relajar los músculos empezando por los ojos, frente, mandíbulas, etc. Respirar rítmica, lenta y profundamente, imitando al que duerme. Darse cuenta con paz de la relajación y respiración.
Después	Saberse valer del "sueño o descanso psíquico". No dar demasiada importancia al sueño.

EVITAR EL CANSANCIO DE LA VOZ

Muchos oradores, profesores, actores, cantantes u otros profesionales de la voz y aun personas conversadoras al hablar en voz alta suelen sentir cansancio, opresión en el pecho, picazón o carraspeo en la garganta, a veces dolor en la curvatura lumbar de la espalda, etc. Sacan una voz antinatural y violenta y quedan exhaustos a los treinta o más minutos de hablar en público. ¡Cuántos han dejado su profesión o disminuido su rendimiento por esto! ¡Si conociesen las causas orgánicas y psíquicas de este defecto para poderlo corregir...!

La causa inmediata es orgánica: respiración defectuosa por tensiones musculares. Pero la raíz profunda de esas tensiones se debe a las emociones descontroladas.

La buena voz se apoya sobre una columna de aire suficientemente sostenida que, teniendo como base la parte baja del vientre y espalda, sale sin impedimento por la nariz. De donde se sigue que la voz no será robusta y natural si la columna de aire no tiene suficiente apoyo ni tensión, o no es lo bastante sostenida para párrafos largos (el fuelle que no funciona bien), o si encuentra impedimento en su salida.

Causas orgánicas. —Respiración defectuosa por tensión muscular. *Necesitamos ante todo aire abundante.*

1) Ahora bien, no será abundante el aire si hay tensión en las fosas nasales y en la garganta. Si las primeras ventanas por donde ha de entrar el aire están algo estrechadas o no bien abiertas por el apuro o la emoción, está claro que la columna de aire no será suficientemente poderosa, y entonces tratamos de compensarla violentando la garganta y las cuerdas vocales, lo que produce el cansancio. Ensanchemos, pues, las aletas nasales desde su base a derecha e izquierda y por su parte superior, junto a los ojos. "Nariz como el conejo" sería la frase gráfica, y conservémosla así al exhalar y al hablar. Este solo cuidado mantenido conscientemente por varias horas y días ha curado muchas molestias de la voz.

Podemos ayudarnos al principio ensanchando las aletas con los dedos y también observándonos en el espejo.

2) *Columna de aire con base sólida.* Esta base falla cuando el vientre y la espalda no se han dilatado bien o están lacios en sus partes inferiores.

Para eso fomentemos la respiración diafragmática. La notaremos poniendo las manos en las caderas y tendiendo a separarlas con la inspiración. Tendamos a ensanchar hacia atrás la espalda en su curvatura inferior. Esto se consigue también como reflejo al tener bien abiertas las aletas nasales y levantados el labio superior, los pómulos y el velo del paladar.

3) *Columna constante de aire.* Que no se nos vaya todo en una palabra. Para eso mantengamos la dilatación en las caderas y el apoyo en la región lumbar, y soltémoslas poco a poco, y sobre todo conservemos la nariz bien ensanchada.

4) *Que el aire salga sin impedimento por la nariz.* Que ésta vibre un poco cuando hablamos. Que las palabras salgan como sopladas (fricación) o precedidas de una aspiración, como si las echásemos

por los ojos. Que los pómulos no estén caídos, ni el labio superior tenso o las comisuras de los labios hacia abajo, sino al revés (relajados).

5) Quitemos las demás tensiones en el pecho, en los hombros y omóplatos que acortan la capacidad torácica. Tengamos los hombros un poco hacia atrás y bajos, los omoplatos tendiendo a aproximarse, el pecho suavemente levantando hacia arriba, más bien que saliendo hacia adelante, el bajo vientre algo metido. Ensayemos la postura correcta, v. gr., junto a una pared, apoyando en ella los tacones, la región lumbar, los hombros y la cabeza, y todo ello con naturalidad y sin tensión.

Con frecuencia, sobre todo en personas de vida sedentaria, son los músculos de la cintura y espalda los que están tensos y acortan la respiración. Entonces será recomendable el masaje o ejercicios que los aflojen.

Causa psíquica, las emociones. —Los estados emocionales de terror, preocupación, prisa, desaliento, ira, etc. tienden a acortarnos la respiración, impiden que ésta se inicie como debe, por debajo del ombligo, dificultan la expansión hacia atrás de la curvatura inferior de la espalda, hacen que los hombros se levanten e inclinen hacia adelante, o que los pómulos, el labio superior y las comisuras de los labios desciendan. Con esto el aire no entra ni sale con soltura, y así perdemos la resonancia y alcance que la voz adquiere cuando todos estos músculos están flexibles. Recordemos la voz y el encogimiento de los tímidos. Al contrario, las emociones positivas de amor, alegría, seguridad, optimismo, dilatan el pecho y los pulmones, nos hacen respirar mejor y emitir el aire y la voz con soltura.

Ejercicios prácticos para impostar la voz

Antes de todo ejercicio adoptemos la postura correcta indicada arriba: cuerpo derecho, bajo vientre no salido, baja espalda hacia atrás, pecho recto, hombros atrás y bajos, omóplatos aproximándose, músculos del rostro flojos, labio superior y velo del paladar levantados y la nariz y garganta ensanchadas y filas.

Para aflojar las mandíbulas ayudarán los siguientes ejercicios:

1º —Ante un espejo mover la mandíbula inferior de derecha a izquierda enérgicamente varias veces y luego de arriba abajo.

2º —Moverla describiendo un semicírculo: del centro a la derecha, de allí hacia abajo y luego hacia arriba por la izquierda para terminar en el centro.

3º —Repetir el ejercicio de izquierda a derecha, varias veces. Estos movimientos dan flexibilidad y soltura a mandíbulas tensas.

Para el labio superior tenso y caído: levantarlo repetidas veces sin mover la nariz. O bien, agachando la cabeza hasta que el rostro esté como mirando atrás, soltar el labio. Notaremos que, por la fuerza de la gravedad, éste se inclina hacia el suelo; lo que, por la postura adoptada, significa que se movió hacia arriba. Varios minutos de esta postura nos darán una sensación agradable de relajación y soltura. Pueden también levantarse con los dedos. Para la lengua y paladar:

1º —Sacar la lengua cuanto se pueda horizontalmente plana o en forma de cuchara con golpes enérgicos.

2º —Sacada la lengua en forma cóncava cuanto se pueda, irla levantando por la punta y encorvando siguiendo la bóveda del paladar. Bajarla, descansar y repetir el ejercicio.

Para la respiración y fonación:

1º —Inspirar activamente, pero sin violencia, por la nariz bien ensanchada y dejar salir el aire con naturalidad, también por la nariz bien abierta (unas diez veces).

2º —Inspirar del mismo modo y al echar el aire por la nariz emitir un zumbido como en "hum" sintiendo la vibración en los tubos nasales (también unas diez veces). Repetir esto varias veces al día y por varios días para formar el hábito.

3º —Hacer lo mismo, pero añadiendo a "hum"-"o-o" "Hum-a-a-a-a", dejando que la o y la a salgan con resonancia en la cabeza o en la frente superior.

4° —Hum con e, i, u.

5° —Hum-ta-to-te-ti-tu. Hum-ba-bo-be-bi-bu, etc. (escala de perceptibilidad de los sentidos).

Finalmente, produciendo primero la vibración como en "hum", podremos leer palabras o frases o párrafos enteros, procurando conservar el rostro en la misma actitud de "hum".

Al hablar sobre todo en público, miremos a los oyentes más alejados y tendamos a alcanzarlos con nuestra voz, abramos ampliamente la boca y nariz y pronunciemos con decisión y distinción todas las sílabas. Esto hará, por los reflejos espontáneos, que el organismo adopte más fácilmente la postura correcta.

Conocí en Brasil a un joven profesor con cansancio, debilidad general y sobre todo con mala impostación y fatiga de la voz. Se propuso observar estas normas de buena impostación, sobre todo el ensanchar bien la nariz y levantar los pómulos. A los pocos días empezó a sentir alivio, con bostezos muy frecuentes (el bostezo es la válvula de seguridad del aparato respiratorio en tensión y nos ofrece la respiración más perfecta). Cuando le volví a ver meses después había mejorado notablemente y su cansancio general y de la voz habían desaparecido por completo.

SABER DESCANSAR

DESCANSAR
- es: 1º Suspender desgaste
  - Normal = por 1 idea
  - Anormal = por 2 ideas
- es: 2º Recuperar energías por
  - Sueño tranquilo = 100%
  - Sueño intranquilo = 60 - 70%
  - Relajación y desinterés = 90%

ENVIGILIA
- En el agotamiento
  - Olvidar = Drogas, cambiar morada, ocupación
  - Reeducar
    - No desocupado, ni subjetivo
    - Si entretenido, consciente
- En la fatiga normal
  - Sensaciones y actos conscientes
  - Concentraciones agradables
  - Gimnasia y respiración
  - Relajar músculos, ojos
  - Afecto moderado

141

EN EL SUEÑO

- **No buscar**
  - Sueño, sino descanso
  - Ni cantidad, sino calidad
- **Duración**
  - Según clima, temperamento, ocupación
  - Organismo desarrollado de 5 a 7 horas
  - Organismo en desarrollo de 8 a 12 horas
- **Sueños Causas**
  - Posturas, debilidad, enfermedad, emoción
  - Problemas, agitación, actividad eléctrica
- **Posturas**
  - No boca arriba, ni cambiar nerviosamente
  - Sí bien apoyados, con plena relajación

INSOMNIO

- Ocasión = Ruidos, insectos, frío, luz, calor excesivos
- Causa fisiológica = Tensión, excitación hipotalámica
- **Causa psíquica**
  - Emoción, problemas, pasión
  - Ideas que bullen
  - Ansias de dormir, temor al insomnio
- **Remedios**
  - Desinterés mental y afectivo
  - Relajación de ojos, rostro, miembros
- **Cansancio de la voz**
  - Por: Respiración defectuosa y tensión muscular
  - Causa profunda: emociones, prisa
  - Remedios y ejercicios prácticos

X
Utilizar la voluntad

El oficio del hombre es siempre perfeccionarse, educarse, completarse, superarse a sí mismo.

Los animales irracionales salen perfectos de las manos del Hacedor; con tan sólo seguir su instinto se desarrollan y consiguen su fin. No necesitan de educación.

Pero el hombre nace incompleto; si sigue su instinto animal, se debilita, enferma y muere. Por eso le da Dios la razón, de sus padres y maestros primero, y la suya propia después, diciéndole: complétate.

La necesidad de la educación se funda en la lucha entre el psiquismo inferior sensitivo-afectivo, que sólo apetece los bienes sensibles aun contra los bienes superiores, y el psiquismo superior intelectivo-volitivo, capaz de conocer y de procurar los bienes superiores y transcendentales, verdaderos, eternos, bienes del alma, bienes sociales, bienes divinos.

Como brújula de orientación, tengamos siempre presente, en la educación propia y ajena, estos dos principios: *la perseverancia de los actos psíquicos y el triple primado del psiquismo normal.*

Perseverancia de los actos psíquicos

Toda vivencia o acto psíquico contribuye a formar o deformar el carácter, pues queda asociado a los que le precedieron y, aunque inconsciente u olvidado, sigue influyendo en el "yo" consciente, facilitando los actos afines y dificultando los contrarios. Por lo tanto, las virtudes practicadas en la infancia o en cualquier momento, formarán en la virilidad una síntesis psíquica más apta para el bien, que si nunca hubieran existido. Por la misma razón, una trasgresión o concesión a los instintos exaltados, aunque sólo sea por una vez o en la locura de la juventud y con el propósito de volver luego al buen camino, dejará para siempre en nuestro psiquismo, mayor inclinación al mal y menos facilidad para el bien. No es, pues, de poca importancia una falta o pecado pasajero, aunque no hubiera sanción posterior, ni lo es un acto de virtud oculto, aunque nadie lo hubiese de premiar.

Triple primado

1º *El todo debe primar sobre la parte.* —Amputamos un brazo gangrenado para salvar a todo el cuerpo. Las tendencias parciales han de subordinarse a la actividad del todo; de donde se sigue que:

A) Nuestra dependencia de la materia en el alimento, descanso, concupiscencia corporal, se ha de armonizar con la espiritualidad del alma. De ahí el frenar la glotonería, la tendencia a comer o beber demasiado, para velar por la salud del cuerpo y el vigor del alma mediante la templanza y aun el ayuno. De ahí, también, el superar la pereza, la tendencia exagerada al reposo, a la ocupación agradable, a la diversión, mediante la diligencia y la actividad disciplinada. De ahí el vivir nuestra sexualidad conforme a la razón y a la ley de Dios. Sacrificamos el placer, el bien material instantáneo de una parte de nuestro cuerpo por el bien total del mismo, por la lucidez mental y elevación afectiva, y sobre todo por el bien temporal y eterno de todo el hombre; alma y cuerpo (véase capítulo siguiente).

B) Nuestra sujeción al automatismo (tics, temores, disgustos espontáneos exagerados), nuestra esclavitud al vicio o a costumbres inveteradas, nuestro respeto al "qué dirán" o a lo que hacen los demás, ha de supeditarse a la libertad superior, a lo que la razón o Dios nos muestran como obligatorio o conveniente. "Juzgad vosotros, decían los Apóstoles a los Príncipes de la Sinagoga, si es razonable que os obedezcamos a vosotros y no a Dios". Toda dictadura y sobre todo el comunismo tiende a anular esa libertad.

C) El curso fantástico de nuestro pensamiento bajo la emoción se debe armonizar con la sed de verdad objetiva; de ahí el dominio de la imaginación descontrolada o del soñar despierto, de los temores o tristezas exageradas, de los odios o antipatías que nos deforman la realidad. Los cismas y las herejías se han originado más por emoción que por razón objetiva.

2º *Lo objetivo y real debe primar sobre lo subjetivo, sobre lo que opinamos, sentimos o deseamos.* —Originariamente el niño vive enclaustrado en su "yo". No quiere servir, ni darse; es egoísta, es subjetivo. La evolución normal o la educación le llevarán hacia los valores objetivos y sociales: a conocerlos y realizarlos, haciéndolos su norma de acción. De su aislamiento social tenderá hacia quien le ofrece un apoyo; querrá convertirse en miembro útil y operante de la comunidad. Tanto más se perfeccionará cuanto más se olvide de sí en bien de los demás, o de un ideal. Sólo un psiquismo mórbido se "tetaniza" en su egocentrismo.

3º *Primado de la evolución.* —Tiende a desarrollar progresivamente todo su ser, a superarse, a realizar un ideal. Memoria, entendimiento o músculos que no se ejercitan, se atrofian. Profesional que renuncia a perfeccionar sus conocimientos, se desvirtúa y se desacredita. En el camino de la virtud, el no ir adelante es volver atrás. Sociedades embriagadas por su progreso se derrumban. Al Imperio Romano le vencieron, más que los Bárbaros del Norte, el estancamiento en su progreso, la molicie y los vicios.

Consecuencias ascéticas de estos principios: a) Renunciar al vencimiento propio y a la mortificación por dejarse llevar del vicio es una regresión en la evolución o progreso. b) Sería mórbido buscar el dolor y abnegación por sí mismo, pero no como medio y expresión del don entero de sí por un ideal. c) La liberación del "yo" hacia los valores objetivos: sociedad, Dios, es en psicología lo que en ascética se llama vencimiento propio, humildad, caridad. Las ascéticas falsas: estoicismo, budismo, espiritismo, laicismo, insistiendo en disposiciones parciales, orientan hacia una personalidad cerrada, más que hacia una abierta, como lo hace el cristianismo. Por eso pueden desviar a formas mórbidas y perversas; mientras que la ascética objetiva y total está en armonía con la vida psíquica normal.

A) Educar la voluntad por motivos[21]

Como nuestra voluntad es facultad del ser racional, naturalmente inclinada al bien, no se lanzará al acto si antes de obrar no le precede como paje de luz el entendimiento, mostrándole un bien, un motivo, un valor.

Propongamos, pues, a nosotros mismos o a nuestros educandos, bienes o valores:

a) *Objetivos:* que realmente sean tales bienes en sí: lo útil, lo honroso, lo agradable, lo necesario. Podrían ser: bienes sensibles percibidos por los sentidos o bienes espirituales captados por el entendimiento; bienes para el tiempo o para la eternidad; bienes parciales o totales, sobrenaturales o divinos.

b) *Subjetivos:* es decir, percibidos como tales por el sujeto, acomodados a su capacidad. En los niños, por no tener aún desarrollado el entendimiento, serán sólo bienes sensibles y sensibilizados; en los adolescentes y adultos deberán ser también espirituales, trascendentales y sobrenaturales y en lo posible reforzados con la imaginación y el sentimiento.

Un padre de familia me decía: "Por mucho tiempo no pude conseguir que mi hijito de tres años dejase de dar portazos. No comprendía el motivo: que el ruido pudiese molestar a otros, pues a él le agradaba. Pero un día le di otra razón que él comprendió: «La puerta se va a romper y habrá que gastar en componerla el dinero para tus juguetes». Y desde entonces ni da portazos él, ni consiente que otros los den, repitiéndoles el motivo tal como él lo entendió".

c) *Actualizados:* que se hallen presentes a la mente en el momento de la decisión y de la ejecución. Por eso al prever el acto

---

[21] Para explicaciones más amplias véase *"Poder de la voluntad educada"*, por Lindworski, S. J.

procuremos también recordar el motivo. Por eso también conviene escribir los buenos propósitos con las razones que los motivaron y conviene volverlas a leer de vez en cuando.

Por falta de esta motivación se observan con harta frecuencia fracasos educativos en los colegios y en los hogares. Niños que asistían a misa aun diariamente durante años, después, cuando mayores, no vuelven más. Es porque iban, no por motivos propios, sino llevados por sus educadores. No hicieron el acto volitivo de querer ir a misa, sino tal vez el opuesto de no quererla oír, y quedaron con el hábito de no querer ir a misa.

B) Educar la voluntad por actos

Hay en todas las lenguas dos palabras magníficas ennoblecedoras, creadoras: "Si" y "No". Saber decir "Si" cuando vamos a paso de gigante o cuesta arriba, o aunque sea poco a poco, pero siempre adelante; saber decir "No", sin concesiones, sin discusiones, sin vacilación, esto engrandece y fortifica.

Técnica reeducativa

1º Los abúlicos, que por no haber hecho actos eficaces de voluntad vinieron a perder la conciencia o el sentimiento interno de ellos, deben ante todo ejercitarse en actos sencillos perfectamente volitivos (por ejemplo: andar, levantar el brazo, tocar un objeto...) reproduciendo las características somáticas y los requisitos psíquicos hasta adquirir el sentimiento interno del acto eficaz. Vayan luego graduándolo de más fáciles a más difíciles.

El joven O. M., aunque educado en colegio católico, rompió en la Universidad todo freno moral, y por la costumbre de dejarse dominar por el vicio impuro, había llegado a una abulia e indecisión tal, que le parecía imposible contenerse. Se sentía abatido, esclavo y anulado en su personalidad. Además, la obsesión del vicio le estorbaba la concentración en el estudio.

No fue difícil convencerle que podría rehacer su personalidad y recobrar su antiguo vigor, reeducando la voluntad. En la primera semana de tratamiento hizo actos volitivos externos en ocho o diez ocasiones por día, respondiendo a estas preguntas:

1ª "*¿De qué se trata? ¿Cuándo y cómo se hará?*" y contestaba concretando el acto: "Se trata de querer o no levantarse, de caminar por la derecha o por la izquierda", etc.

2ª "*¿Me es posible? Si yo mando a mis pies que vayan hasta tal sitio, ¿me obedecerán?*" Y procuraba sentir su posibilidad con respuestas afirmativas. Al tratarse de algo más difícil, decía con tono de certeza absoluta: "Si, estoy seguro, puedo".

3ª "*¿Hay motivos para quererlo?* —Sí, aunque no sea más que para ejercitar mi personalidad y reeducarme".

4ª "*¿Según eso, lo querré, sí o no?*" Y se decidía interiormente, apartando la posibilidad contraria.

Experimentó tal gozo al sentir de nuevo su fuerza volitiva, que al tercer día vino a comunicármelo. Se ejercitó luego en actos más difíciles y que exigían mayor vencimiento, y más tarde en algunos en que intervenía su pasión: v. gr., mandar a sus pies que en lugar de ir a tal lugar peligroso, fuesen a otro; a sus ojos, en vez de mirar hacia el objeto excitante, se fijasen en otro inofensivo, etc. A los 20 días se encontraba transformado.

En honor a la verdad debo decir que, a estos medios psíquicos, añadió el medio sobrenatural de reconciliarse con Dios por la confesión.

Todos podrán utilizar este sistema para aumentar su eficiencia volitiva, ejercitándola primero en actos volitivos externos, fáciles y aun difíciles, y más tarde en actos internos (por ejemplo "quiero pensar en esto"; "cuando me venga tal idea o temor pensaré o haré tal cosa", etc.).

2º Para todos será utilísimo:

a) Distinguir el acto verdaderamente volitivo, la decisión, de los que no lo son; del deseo, impulso, veleidad e intención de obrar (véase cap. V. Requisitos).

b) Concretar, para no contentarse con mero deseo o proyecto.

c) Graduar de fácil a difícil, para sentir la posibilidad y evitar los fracasos, o actos falsos de voluntad, con el desaliento que les sigue.

Podemos también dramatizar nuestro proceso volitivo presentándolo como una lucha y distinguiendo en ella cuatro etapas.

1º Presentación de contendientes: ¿cuáles son los actos que yo puedo querer o rechazar, v. gr., quedarme en la cama cuando me llamen o saltar de ella?

2º Lucha de contendientes: discusión de los motivos en pro y en contra: ¿qué utilidad ó daño me trae el quedarme y qué ventajas el saltar?

3º Puedo dar la victoria a quien quiero. Sentir esta posibilidad.

4º Victoria de uno de ellos, dejándole como dueño del campo de la conciencia, imaginando concretamente cómo saltaré, y apartando la posibilidad de quedarme, es decir, haciendo esto último imposible para mí, por la decisión.

El mayor enemigo del esfuerzo volitivo es la indecisión, común a casi todos los enfermos. En la lucha de ideas prácticas, si harán o no harán, si realizarán esto o aquello, no saben dar la victoria a una de las partes y concluir la discusión, excluyendo las otras posibilidades. Deberán corregirla rápidamente. "En la duda elige el camino que parezca mejor y ten valor para dejar los otros" (S. W. Ford).

Remedio de la indecisión

1) Cuando la indecisión proviene de abulia o pereza de la voluntad, será útil ejercitarse con frecuencia en actos volitivos aun en cosas pequeñas o indiferentes, o en las que ordinariamente hacemos por rutina.

2) Si es por falta de concentración intelectual por no poder fijar el pensamiento en el acto que intentamos realizar, reedúquese esta concentración (cap. IV) y luego será fácil concretar el acto y decidirse.

3) Cuando la indecisión proviene de la equivalencia de los motivos en pro y en contra que parecen equilibrarse, si se trata de una cuestión importante y podemos consultar a una persona prudente, sería razonable hacerlo y decidirnos por su parecer. Siendo el asunto de menos importancia o no pudiendo consultar,

debemos decidirnos por cualquiera de los dos extremos. Algunos santos, en casos semejantes, hacían breve oración pidiendo a Dios resolviese la duda por la suerte, y se abrazaban confiados con el resultado.

4) Si la dificultad proviene de la variedad de motivos opuestos que al querer decidir o ejecutar oscurecen el motivo principal, debemos dejarnos impresionar únicamente por el motivo que nos movió primero, que suele ser el principal, y decidirnos en seguida, sin considerar los motivos secundarios opuestos.

El que no obra después que piensa
es que pensó imperfectamente (Guyau).

Educación no de fanal, o invernadero que sólo trata de evitar las ocasiones para hacer imposibles las faltas, ni meramente negativa, que se contenta con corregir defectos, sino positiva, que propone siempre progresos por realizar, perfecciones por adquirir, virtudes por practicar. Esto aumenta la alegría, el entusiasmo y el valor.

La educación no consiste tanto en hacer practicar el bien, como en enseñar a quererlo.

Tuve un alumno de buen fondo, pero sumamente ligero y débil de voluntad; siempre estaba castigado. Preguntéle por qué no hacía esfuerzos para corregirse. "Yo sí quiero, pero no puedo". Examiné su acto volitivo: no lo concretaba ni sentía su posibilidad. Le propuse, para que no faltase al silencio, que del recreo al estudio y del estudio al aula, etcétera, se mordiese la lengua. "Lo puedes hacer?" "Sí, Padre". De este modo concretando y sintiendo la posibilidad, un día por darme gusto a mí, otro en honra de la Virgen o para agradar a Jesucristo, etc., hizo actos volitivos concretos. Por la noche le preguntaba: "¿Cuántas veces faltaste?" —"ocho". —"Pues besa ocho veces el crucifijo y prométele no faltar mañana". El resultado fue la enmienda rápida, alegre y completa.

La voluntad es para conquistarse el hombre a sí mismo, y la educación de la voluntad es la estrategia de esta conquista (E. Faguet).

C) Metodo ignaciano

El protestante doctor Vittoz sentía gran admiración por san Ignacio de Loyola. Decía que se había adelantado tres siglos a su tiempo en la fina introspección psíquica y en la atinada pedagogía que revela en sus Ejercicios y Exámenes.

El fin de san Ignacio es hacer al hombre perfecto: que proceda según las normas más sublimes del psiquismo superior, sin que le estorbe el psiquismo inferior o afecciones desordenadas, como lo indica en el título mismo de su librito. Por eso dispone en los Ejercicios del "poder legislativo" para elegir, determinar y concretar la norma de vida.; y en los Exámenes del "poder ejecutivo" para llevarlo a la práctica.

Los Ejercicios proponen los motivos más fuertes y nobles en sí, asimilados por el ejercitante y reforzados por la afectividad de amor a Jesucristo.

Así orientando el psiquismo superior, para que las pasiones no le desvíen, vienen las meditaciones preparatorias de la elección, seguidas de ésta, que concreta y decide la norma futura de su vida.

El "poder ejecutivo" tiene un instrumento sumamente eficiente en el examen particular, verdadero "voluntímetro" y "voluntígero" (es decir, un "medidor" y un "generador" de voluntad), que nos hace ejecutar actos verdaderamente volitivos concretándonos a una sola virtud o vicio, y en tiempo y lugar determinado; que nos hace sentir su posibilidad y facilidad, comenzando por cosas externas y fáciles, para seguir por las difíciles e internas, exigiéndonos solamente el esfuerzo y vigilancia por medio día. Finalmente, nos hace renovar tres veces por día la decisión y reforzarla con las comparaciones de un examen a otro, con la contrición cuando faltamos, con el amor a Jesucristo y con la oración y confianza en Dios.

Es un tratamiento psicoespiritual eficacísimo para curar las enfermedades psicomorales, que son nuestros defectos.

El doctor Schleich, protestante, profesor de la Facultad de Medicina de Berlín, afirma aún más: "Con toda seguridad y convicción digo que con esas normas y ejercicios en las manos, podríamos aún hoy día transformar nuestros asilos, prisiones y manicomios, e impedir que fuesen recluidos los dos tercios de los que allí están".

SABER EDUCAR LA VOLUNTAD

Educación necesaria por { nacer incompletos. / la lucha de los instintos bajos.

Norma orientadora {
- Las vivencias perseveran para el bien o el mal.
- Preferir { el bien total al parcial. / lo objetivo a lo subjetivo.
- Tender a superarse.

EDUCAR LA VOLUNTAD

Por motivos {
- Proponer bienes a conseguir = Valores, motivos.
- objetivos = bienes en sí { sensibles. / espirituales. / eternos.
- Subjetivos = percibidos como tales { en la infancia, sensibilizados / luego, trascendentes.
- Actuados = presentes al decidir y ejecutar.

Activamente {
- para abúlicos { experiencia interna, etc., distinguirlo del deseo, del acto volitivo.
- para todos = concretar, motivar, graduar.

Método ignaciano {
- Poder legislativo en los Ejercicios { deliberar a la luz de los grandes motivos. / concretar en la Elección.
- Poder ejecutivo Examen {
  - Concretar { a una virtud o vicio. / a una parte de...
  - posibilidad { cosas externas, etc. / medio día.
  - decisión renovada.
  - orar y confiar en Dios.

XI

SEXO INTEGRADO EN LA PERSONA Y EN EL AMOR

Has recorrido hasta aquí las páginas de este libro: has ido practicando los ejercicios y consejos en ellas contenidos. Posees importantes elementos de la personalidad. Es fácil y natural que la realidad viva de tu sexo se haya integrado en tu personalidad y en el aflorar del amor. Así no será en ti problema ni trauma, esta realidad del sexo.

No viven el sexo integrado:

1º Quienes, como antaño, lo miran como tabú, o como algo de que hay que avergonzarse. Vean su dignidad en la página siguiente.

2º Los que lo han considerado prácticamente como algo superpuesto, más o menos tardíamente, en la propia persona o en la ajena; los que por lo mismo lo miran como un algo con lo que se puede jugar, divertirse y aun negociar entregándolo al mejor postor.

Tendrán que comprender que el sexo no es algo separado de la persona sino el mismo YO, masculino o femenino, que desde la infancia va desarrollando su potencial psico-biológico hasta habilitarle para la procreación, y para el amor oblativo y desinteresado.

3º Tampoco integran su sexo los que creen imposible su recto uso, y a la castidad la ven como contraria a la virilidad y peligrosa para la salud. Ignoran éstos la fuerza latente de su voluntad y los testimonios de los doctores. No se dan cuenta que la verdadera virilidad está en trabajar, luchar y vencer, y su máximo exponente en un joven sería triunfar en esta lucha heroica por la personalidad y castidad, y al contrario su mayor cobardía sería sacrificar ideales sublimes por un placer pasajero.

4º Muchos porque esperan hallar en la satisfacción sexual la felicidad que todos perseguimos. ¡Si reflexionasen en lo transitorio del placer que no puede llenar las aspiraciones nobles e ilimitadas de su ser espiritual! ¡Si diesen crédito a la experiencia de tantos enfermos físicos y mentales por causa de este desorden; a los testimonios de los doctores, a las sentencias de los jueces y a los avisos de los moralistas que muestran los excesos brutales del sexo no integrado!

5º No pocos porque buscan inconscientemente en el sexo una compensación vana y pasajera a su frustración, por tener una personalidad sin formar o mal formada.

Ayudémosles a formarla y también a los niños a conocer la dignidad de su persona y de su sexo y a integrarlos en el amor, como lo explicamos a continuación.

Dignidad de la persona

Comprender lo antes posible la dignidad de la persona en la que se integra el sexo. Es un ser humano, libre, espiritual e inmortal, con potencias para conocer y amar lo bueno y al mismo Dios, capaz de autodeterminación de su propio destino y con conciencia de su responsabilidad.

Quien así se conoce, ¿cómo va a rebajarse jugando con su persona como con una cosa? Si lo hace consciente y habitualmente desbarata la perfección propia y desarticula su personalidad infligiendo una herida profunda a su desarrollo equilibrado y armónico; finalmente acaba por destruirse.

Dignidad del sexo

1º Conocer también y apreciar la maravilla del sexo, primero en su aspecto físico-biológico, ya que impregna el ser vivo desde su primera existencia. Luego como potencia procreadora con sus complicados, admirables y variados mecanismos diferentes en el hombre y en la mujer.

A los niños de 6 años o antes les intriga frecuentemente el: "cómo nace mi hermanito". El no instruirles entonces, para satisfacer su deseo de saber, es un fallo. Hágase gradualmente de modo claro, sencillo y verdadero.

Cuando los padres saben darles la instrucción verdadera, digna y gradual, que calme su curiosidad presente, dejando abierto el camino para nuevas preguntas, experimentan los hijos pequeños grande alegría y aumento de cariño a sus progenitores, y quedan casi inmunizados contra desviaciones sexuales, y fuertes y amparados en sus padres contra el peligro de corrupción por compañeros o adultos pervertidos.

Vi esto en varios grupos de niños de 6, 8 y 10 años, que recibieron esta instrucción en el Colegio mientras veían poco a poco el precioso libro del Dr. Geldron: "Una historia maravillosa: la verdad del nacer" (premiado con medalla de oro), y su "complemento bíblico" del P. Amunárriz, capuchino[22].

2º Apreciar también la dignidad del sexo y del cuerpo humano por encima de sus estructuras biológicas. Pues a nivel puramente anatómico aparecerían casi idénticas a las de los animales. Lo que nos eleva a personas es nuestra capacidad de relación humana que brota de nuestra misma corporeidad.

El ojo estudiado en el laboratorio nos impresiona por su complejidad. Pero nunca barruntaríamos allí el valor de una mirada de cariño y comprensión.

Nos comunicamos a través del cuerpo hecho palabra y mensaje.

---

[22] N. del E: Aquí el autor ponía los datos del distribuidor de dichos libros en su tiempo. Desconocemos si hay ediciones nuevas, pero se lo encuentra a la venta en librerías de usados.

Del mismo modo la sexualidad humana ha de convertirse también en lenguaje expresivo que busca por la fuerza misma de su finalidad y del cariño un prolongamiento en la fecundidad corporal y espiritual.

Esto significa que hemos de vivirla como una dimensión de toda la persona humana, y no como una realidad puramente biológica.

El intento de toda educación sexual ha de consistir, en humanizar esta tendencia y evitar cualquier comportamiento deshumanizante, que haría de la persona un instrumento o cosa al servicio de la sexualidad y no una expresión del amor personal.

3º Apreciar también la dignidad del sexo, si tenemos fe, preguntando a la Sabiduría infinita qué pretende con tan maravillosa sexualidad.

Y nos dirá que quiere hacer depender del hombre su poder de crear nuevos "hijos suyos" capaces de ser divinizados; y quiere que esto se haga en la entrega total (en éxtasis de amor, sin prisas ni tensiones) a otro ser, a quien se completa y se quiere hacer feliz por un amor desinteresado en el legítimo matrimonio.

Esa entrega, que les va a completar y satisfacer emocionalmente, es en cierto modo una concretización, en el tiempo, de la unión íntima, espiritual y sublime, con el Amor Infinito, y de la transformación divina y felicísima que nos depara en el cielo, superado ya el egoísmo. Transformación que se prepara en esta vida por las fuerzas conjugadas del sexo y de la educación.

4º Decíamos antes, que es malo el no instruir al niño sobre el sexo. Debemos añadir que, el sólo instruir sin educar, puede ser fatal, hasta el extremo de servir precisamente de estímulo para una prematura y lamentable experiencia sexual antes del matrimonio.

Ahora bien: pretender instruir y educar en lo sexual, al margen de la educación de la personalidad, es como aspirar a unas gafas adecuadas para dos ojos arrancados del cuerpo. Tan parte de la personalidad es la sexualidad, como lo son del cuerpo los ojos.

Educar la personalidad

Al niño hay que ayudarle a pasar de su total egoísmo y absoluta dependencia, a la plena responsabilidad, iniciativa, confianza, seguridad y libertad del adulto y a su amor oblativo.

La madurez sexual contribuirá también a formar esas cualidades propias del hombre y de la mujer, que tanto enriquecen a los que las poseen y les habilitan a amar y sacrificarse por los demás.

El proceso de maduración o coordinación afectivo-volitiva hasta la cohesión total, seguridad integral y amor oblativo, desinteresado, puede sufrir un frenazo y marcha atrás con cada masturbación egoísta voluntaria, sobre todo en jóvenes y adultos; y si esto se hace habitual, puede frustrar su desarrollo. Freud tilda de "perverso" a todo placer no subordinado a la procreación, y lo llama "aborto del mecanismo sexual"[23].

Pero "educar la personalidad es algo familiar: es vivir juntos, enseñar y aprender juntos, transformarse juntos". (Seif).

La que educa y deseduca es la familia.

"Y el origen de la mayoría de los complejos y taras sexuales, está en un clima familiar sin atención o sin amor; o en un clima de temor, o de consentimiento; o de exigencia excesiva, o de antojos. Lógicamente, los niños con complicaciones sexuales surgen de los inadaptados en el hogar, es decir, de los oprimidos, solitarios, aislados y pusilánimes" (Kurt Seelman)[24].

Por el contrario, los que *no tienen problemas sexuales*, precisamente por el desarrollo equilibrado de su personalidad, lo deben al hecho de pertenecer a familias que han sabido evitar extremismos, es decir:

— de amor, sin condescendencias ni mimos.

— de solicitud, sin exagerados proteccionismos.

— de libertad, sin despreocupación.

---

[23] Freud. "Tres ensayos sobre la teoría de la sexualidad".
[24] "Educación sexual de los niños". Ediciones Paulinas.

— de indicación de objetivos, sin empujones.

— de variación interesante, sin caprichosas inconstancias. (Kurt Seelman).

Pero sobre todo hay que educar el amor.

Los autores vinculan el concepto de sexualidad madura con la capacidad de amor; es decir, de donación a los demás.

Según va madurando el sexo, hay que ayudar al niño, quien, por ignorar otros valores, sólo piensa en sí y todo lo quiere para sí, a que pase, de ese natural egoísmo, al amor de los demás: sus padres, hermanos, amigos, etc.; que quiera darles gusto y hacerles felices sacrificándose por ellos, hasta llegar poco a poco a la total oblación de sí, ya sea en el matrimonio, dando amor al pequeño grupo familiar, ya sea un amor más amplio, sublimado y espiritual según las diversas vocaciones.

Sublimación del sexo

Sublima el sexo quien no limita ese amor a una familia, sino que lo extiende a muchos o a toda la humanidad, entregándose a su progreso por la ciencia, el arte, la técnica, la cultura; o sacrificándose y dando amor a los que más lo necesitan en asilos, orfanatos, hospitales y otras obras de beneficencia.

El mismo Freud pareció vislumbrarlo cuando, en su "Contribución a la psicología de la vida amorosa", escribe: "Se puede afirmar que la corriente de ascetismo de los monjes del cristianismo ha dado al amor un valor psíquico que jamás pudo darle la antigüedad pagana".

Realmente la fe es la que sublima el amor hasta lo más alto, cuando, conociendo la existencia y el valor sobrenatural, divino, de la gracia, o vida divina en las almas, nos dedicamos, en el celibato consagrado, a comunicar esa vida a otros, o les ayudamos a aumentarla por el amor a Dios, al prójimo, a la virtud.

Sublime destino del sexo que así se ha ido integrando en la personalidad y el amor. Quien así lo haya conseguido, no tendrá problemas, ni, mucho menos, tragedias sexuales.

Los esposos para quienes el acto matrimonial es ante todo un acto de amor tendrán también la satisfacción plena, noble, profunda, verdaderamente humana con que Dios lo suele premiar.

¿Es posible y útil la castidad a los jóvenes?

Después de lo que precede, la respuesta obvia sería cambiar la pregunta por ésta: ¿Les es útil y posible formar su personalidad, ya que la sexualidad no es más que una de sus facetas? Pero demos también algunas de las respuestas que dio y sigue dando la ciencia desde el momento en que empezó a propagarse la revolución sexual.

El gran psiquiatra israelita de Zurich, Dr. Breuler, afirmaba: "Quien reconoce la castidad y continencia como posibles difícilmente sufrirá problemas sexuales".

Los profesores de medicina de la Facultad de Cristianía[25] escribían: "Nosotros no conocemos ningún caso de enfermedad ni debilidad que podamos atribuir a una conducta perfectamente pura y moral".

Los médicos y especialistas de Nueva York y sus alrededores se reunieron para declarar: "La castidad, una vida pura para ambos sexos es conforme a las mejores condiciones de salud física, moral y mental".

En la Conferencia Internacional de Profilaxis Sexual, reunida en Bruselas, 260 miembros suscribieron por unanimidad la conclusión siguiente: "Es menester ante todo enseñar a la juventud masculina que no solamente la castidad y continencia no son perjudiciales, sino que, al contrario, son estas virtudes las más recomendables desde el punto de vista puramente médico e higiénico".

En 1972, el dermovenereólogo Dr. Martínez Torres reconoce el fracaso de la medicina para acabar con las enfermedades venéreas, confiesa que su avance es pavoroso, y el peligro de contraerlas entre jóvenes menores de 25 años es del 50% a escala mundial, debido al creciente libertinaje sexual. Otros expertos hablan de plaga mundial incontrolable, y fracaso epidemiológico del siglo.

---

[25] N. del E: Oslo, Noruega.

Por otra parte, sabemos que no puede ser imposible y nocivo a la salud lo que Dios manda a toda la humanidad en el sexto mandamiento.

Terapéutica esencial

1º En casos de ideas equivocadas, de complejos de culpabilidad o angustia, de impotencia, recúrrase a un psiquiatra o sacerdote preparado en psicología general e infantil. Pronto. Así es más fácil la curación de algo muy perjudicial. Cuando la impotencia nace de temor a serlo o a que la esposa le desprecie, suelo explicarles con este libro (cap. XIV) la tensión e inhibición que el temor produce en el organismo y en el mecanismo sexual y al aprender a relajarse y a orientar bien "su cohete dirigido" (pág. 191), suelen sentir alivio y muchos se curan en seguida, máxime si la esposa colabora ayudándole a pensar entonces, no en su problema, sino en cómo amar y recibir amor.

2º Para que el placer sexual natural no sea desordenadamente buscado o consentido, la persona luche contra el egoísmo, contra los estados de soledad e introversión y contra una vida enervante y muelle. El niño y el joven debe oxigenarse con gimnasia, deportes, natación, trabajos manuales, etc. Un joven de familia rica me confesó que cuando vivía en su casa rodeado de comodidad y regalos le parecía imposible la castidad. Pero cuando estuvo en un campo de concentración, con mucho trabajo y privaciones, nunca tuvo la menor tentación carnal.

3º Se ha dicho del montañismo (Scout) que ha vigorizado y vitalizado tan fuertemente a los jóvenes que parecen blindados contra los parásitos que intentan anidar en ellos. El cuerpo y el espíritu preparados con vida de sano esfuerzo y de gimnasia de la voluntad y de la libertad, se mantienen firmes. Lo muelle, lo flojo, lo sin esfuerzo no madura a la persona, sino la inclina a la degeneración.

4º Ante obvias y no maliciosamente buscadas imágenes, llamadas provocativas u obscenas, acostúmbrese a no turbarse ante ellas, a superar serenamente lo que tengan de incitación, evítese la morosa repetición, desvíese la atención a otros asuntos con sensaciones conscientes o concentrando la mente en realidades y ocupaciones atractivas, pero con serenidad.

A un joven muy casto y virtuoso que, al tropezar con amigas o parientes del otro sexo, se encontraba perturbado y asaltado por pensamientos impuros, sin saber cómo evitarlos, bastó aconsejarle que asociase conscientemente otras imágenes a la idea de mujer, v. gr.: la excelencia de la madre que da hijos para el cielo, el Espíritu Santo que mora en ella por la gracia, la sublimidad de la Virgen Madre de Dios, etc., para que a los pocos días volviese a dar gracias. Esta nueva asociación de ideas inducida voluntariamente, había acabado con las otras subconscientes e instintivas.

5º Encaremos esta lucha heroica, no de modo negativo: "No se puede hacer esto", "¿Habrá culpa en hacer aquello?"; sino en forma positiva, como *competencia de generosidad con Cristo*, v. gr.:

"Él, para pagar por mí, y más aún, para mostrarme su amor, sacrificó comodidades, descanso, placeres y aceptó trabajos, fatigas, dolores y tormentos, hasta morir en cruz. Yo quiero tratar de competir en generosidad con Él sacrificando comodidades, gustos y placeres aun lícitos". Cuando me parezca haber faltado en algo, me arrepentiré de haber sido poco *generoso con* Él, y propondré de nuevo mayor generosidad. Este luchar por amor y generosidad anima y alegra, y es más eficaz en caracteres nobles, que el luchar por temor.

6º Una vez hecho todo lo que podíamos, dada la dificultad especial en esta materia, nos resta aún acudir a Dios para conseguir las fuerzas sobrenaturales, por la oración, por la confesión y por la comunión, puesto que esta gracia, pedida con entera humildad, confianza y perseverancia, nunca nos será negada. La experiencia de muchos siglos en todas las razas y en hombres de toda condición intelectual y social demuestra que estos medios sobrenaturales vencen la dificultad especial de guardar la castidad.

XII
GOBERNAR LA AFECTIVIDAD

Los sentimientos y emociones (afectividad) son fuerzas que Dios nos da para formar, perfeccionar y hacer más atractiva nuestra personalidad; para poner colorido y variedad en nuestra vida, y para querer y obrar con más facilidad, energía y constancia. No son faros para guiarnos, sino fuerzas anárquicas que hay que dirigir como el vapor de la locomotora. Bien encauzadas por la razón, y con sus válvulas de seguridad, sus expansiones y desahogos oportunos, nos podrán ser sobremanera útiles.

1° *No nos gobernemos por la afectividad* ni hagamos mudanza guiados por los sentimientos.

Tener como norma de acción "porque me gusta", es lo mismo que tomar un tranvía u ómnibus *sin fijarse a dónde va*, sólo porque es más cómodo y más bonito.

Dejar de obrar "porque me cuesta" es renunciar al éxito, a la alegría, a la gloria y aun a la propia salvación.

Querer porque no hay más remedio, es querer de esclavos.

Querer porque no cuesta, siguiendo el gusto o impulso, es querer animal.

Querer aunque cueste, guiados por la razón o el deber, es querer racional.

Querer porque cuesta, mirando al ideal o a Dios es querer de héroe o de santo.

El niño y el inadaptado social aman u odian, obran o dejan de obrar, sólo por sus gustos, o disgustos, pues la razón no se ha desarrollado o está inhibida.

2º *Encaucemos nuestros sentimientos,* disminuyendo sus exageraciones, no dando demasiada importancia a lo que nos gusta o disgusta, a lo que tememos o deseamos, pues la experiencia nos dice que la afectividad refuerza las tintas, exagera lo bueno o lo malo, oscurece y altera la verdad.

Así, por ejemplo, ¿te irritaron las palabras y el proceder de otro? Luego tu afectividad te inclinará a ver su mala intención premeditada (probablemente sólo hubo ligereza o irreflexión) y aun te persuadirá que tiene para el porvenir peores propósitos.

¿El correo o el telégrafo te trae una mala noticia? Tu imaginación en seguida se alborota y recarga el cuadro con sombras negrísimas: "Será la muerte, la ruina, etc."

¿Sientes un pequeño malestar? Tu pensamiento no controlado te dice: Debe ser tuberculosis, congestión, cáncer.

¿Experimentaste fenómenos extraños en la vista aun con los ojos cerrados? ¿Ideas y sentimientos alborotados te bullían sin acertar a dominarlos? ¿Viste a un pariente o amigo desvariando súbitamente? Tal vez la idea de locura empieza a lacerar tu corazón.

¿No adelantas en tus estudios, en tus negocios, en tu trabajo, en la virtud, en la oración? ¿Te hallas triste y desanimado y con ganas de dar al traste con la carrera o con la vida que adoptaste? ¿Te parece que no eres para eso?

En todos estos casos perdiste el control de tu afectividad; admitiendo sus exageraciones.

Convéncete de que la realidad es mucho mejor de lo que sientes.

Refrena tus pensamientos. —No des rienda suelta a tus cavilaciones. Evita sus exageraciones y transferencias. Piensa en otras cosas, y sobre todo no cambies tus propósitos, o tomes decisiones importantes bajo el imperio del sentimiento. Deja pasar un día. "Consúltalo con la almohada", dejando pasar también una noche, y luego, suavizada o calmada la afectividad, estarás en disposición de entender y de obrar con serenidad y verás que "no es tan fiero el león como lo pintan". Especialmente en lo referente a la locura, desprecia ese temor, creyendo a los psiquiatras cuando afirman que los locos no tuvieron ese temor de llegar a serlo.

San Ignacio, con su fina psicología, nos traza reglas sapientísimas para gobernarnos cuando nos domina la afectividad deprimente:

Primera. En tiempo de desolación (cuando estamos desalentados o tristes sin luz y sin fuerza, sin paz y sin consuelo, o cuando la tentación nos ciega) no hacer mudanza alguna, antes perseverar en los propósitos que tomamos o hicimos, cuando estábamos en paz, en luz y en consolación.

Segunda. Pensar que este estado pasará y volverá la luz y la alegría, y fomentar los pensamientos y sentimientos que entonces tuvimos.

En el "palacio de la afectividad" hay salones brillantes donde se aposenta el optimismo, la esperanza, el amor, el valor y la alegría, y sótanos oscuros donde mora el desaliento, la tristeza, el temor, la preocupación, la ira. La Señora del palacio, la voluntad, tendrá que recorrer sus dependencias, pero puede hacer morada donde quiera. No demos demasiada importancia a los temores, disgustos y tristezas cuando lleguen, no moremos en ellos habitual y voluntariamente, sino en los salones de la alegría y del optimismo.

Tercera. Abrir la válvula de seguridad. —Hay estados afectivos en que la depresión puede causar fatiga, sufrimientos y enfermedad. Tales son los conflictos aparentes entre el imperativo del deber y los postulados del honor, o del instinto. El sólo manifestarlos al director psíquico o espiritual, con frecuencia los alivia, soluciona y cura.

Los psiquiatras de la Gran Guerra notaron con extrañeza el número mucho mayor de neuróticos entre los soldados ingleses que entre los franceses. Investigadas las causas, hallaron que entre los primeros se había formado la atmósfera de que el inglés no debía tener miedo, y que sería deshonra nacional el manifestarlo. Esta mentalidad imponía a muchos individuos una lucha y represión violenta de sentimientos que no podían evitar, y finalmente el desequilibrio psíquico. Modificada esta mentalidad, disminuyeron los enfermos.

He aquí cuatro clases de dificultades o conflictos internos que debemos manifestar lo antes posible al prudente director, para que no inficionen o, por lo menos, no fatiguen innecesariamente nuestro psiquismo.

1. —Actos que pesan con responsabilidad moral sobre nuestra conciencia.

2. —Dudas prácticas, angustiosas que no sabemos resolver o tentaciones obsesionantes para el mal.

3. —Indecisiones en cosas de importancia que nos atormentan (puede ser consecuencia de lo anterior).

4. —Temores o tristezas apremiantes que no sepamos dominar.

El tumor abierto alivia al enfermo. El desahogo afectivo de estos conflictos con un amigo prudente o con el confesor abnegado y sobre todo el desahogo divino de la confesión, arranca de nuestra alma todo ese peso y veneno. Es tanta la paz, alegría y aliento que ella nos trae, que médicos no católicos de variadísimos países están acordes en afirmar que, si la confesión no estuviese establecida en la Iglesia como medicina espiritual, debería imponerse como medicina de las llagas afectivas. Hasta los protestantes, que, con Lutero, rechazaron la confesión, empiezan ahora a abogar por su restablecimiento.

Abramos también la válvula al afecto dignificado, en expansiones de cariño familiar, con la amistad verdadera, en las confidencias espirituales, en el amor al prójimo, a las almas, a Dios. No se nos vaya toda la energía psíquica por el caño del entendimiento, dejando cerrado u obstruido el del afecto.

Cuarta regla. *Cerrémosla* sin piedad al instinto brutal y a las pasiones desordenadas.

Un joven de cuarto año de medicina, en Venezuela, me vino a ver a raíz de una conferencia. No podía dormir, ni estudiar, ni fijar la atención. Desaliento, depresión, tristeza profunda. Tuvo que dejar las clases. Había estado estudiando intensamente, teniendo que atender al mismo tiempo a engorrosos asuntos de familia, y preocupado por la enfermedad de su padre, consultó con un psiquiatra materialista. Le recomendó ciertas inyecciones y que diese desahogo al instinto sexual, cuya represión, según él, era causa del malestar. Siguió el joven el desatinado consejo, pero sólo encontró mayor vacío, tristeza y remordimiento. Orientado en la causa verdadera de su enfermedad y reconciliado con Dios por la Confesión, comenzó alegre el trabajo de reeducación, recobrando el sueño rápidamente.

Parece que no son pocos los psiquiatras materialistas que, siguiendo a Freud (así dicen ellos), quieren restablecer el perdido equilibrio, sujetando el ángel a la bestia, el alma al cuerpo, el psiquismo superior al inferior, el consciente al inconsciente.

El doctor Vittoz con su escuela y todos los psiquiatras espiritualistas se levantan contra tal aberración.

Dejemos también las confidencias inútiles nacidas de la emotividad o del impulso; el contar a un cualquiera, para encontrar alivio, lo que sufrimos o tememos, lo que deseamos o proyectamos. Tendremos sí un alivio momentáneo (el haber cedido al impulso), pero se nos grabarán más las ideas negras y nos esclavizarán más. Si lo contamos a amigos les entristecemos, si a enemigos les alegramos. A nadie interesan mucho, aunque así lo haga creer su caridad o cortesía, los males de otro y mucho menos los detalles de lo que sufre, siente o teme. En cambio si, olvidándonos de nosotros mismos, nos interesamos en las cosas de los demás, aprenderemos algo útil y nos haremos más amables y simpáticos.

XIII
DOMINAR LA IRA

Si tienes un enemigo, el mayor mal que puedes causar,
no a él, sino a ti mismo, es permitir que el odio ahonde en tu
alma y labre en ella un surco imborrable (Fosdick).

Para dominar esta emoción será útil conocer su trayectoria psico-fisiológica. Aquí tan sólo describiré su segunda fase controlable; remitiendo para la primera fase, espontánea, al gráfico de las emociones en la primera parte (p. 82), cuya explicación resumo brevemente aplicándola a la ira.

1ª Fase: Espontánea

La injusticia, insulto o molestia llegan por los sentidos o la imaginación hasta la corteza cerebral. Si los concebimos como contrarios a nuestra vida, salud, honra o ideal, formamos uno de estos tres conceptos prácticos: "Yo, Ellos, Ello".

Yo. —Con estas cualidades y méritos no merezco ese trato. Mi parecer y voluntad deben respetarse.

Ellos. —Me tienen mala voluntad, son crueles, ingratos, insoportables. Deben ser corregidos.

Ello. —(El acontecimiento, el sufrimiento). Es injusto, intolerable.

Este concepto, máxime si es muy fuerte, sensible y prolongado, estimula al hipotálamo, sala de máquinas de la emoción y de allí automáticamente se pone en actividad el sistema nervioso autónomo, quien por sí y por la simpatina pone en rápida conmoción y tensión al corazón, estómago, pulmones, músculos, vísceras, etc. Al mismo tiempo nos invade el sentimiento de disgusto y antipatía.

Esto es lo que los filósofos y moralistas clásicos llamaron "Motus primo primi", en que no hay responsabilidad, ni pecado, y que apenas podemos controlar sin mucha vigilancia.

Lo único que podemos hacer es, o evitar el excitante o, por lo menos, su recuerdo y duración, y sobre todo podemos evitar o modificar el juicio práctico; Yo, Ellos, Ello, ya sea por la distracción, o mejor, por el pensamiento contrario, mediante una educación adecuada. Si esto hacemos, la conmoción pasa pronto, sin dejar huella duradera o profunda.

Un comerciante en Manila se irritaba fácilmente por descuidos de sus empleados y fuera de sí les insultaba acremente, aunque luego vuelto en sí les pedía perdón. Por eso se le habían ido varias secretarias excelentes. Quería corregirse a todo trance y se puso incondicionalmente a mis órdenes. Los pensamientos causantes de su ira eran: "Ellos", los empleados, son inútiles, descuidados, etc.., y "Ello", la disminución de ganancia resultante, es intolerable.

Se corrigió en gran parte en sólo 15 días, cambiando esos pensamientos y corrigiendo su perfeccionismo exagerado. Le ayudé a disminuir su ambición y a aceptar esas limitaciones de gente con aquel salario.

2ª Fase más activa, controlable

I) *Fase de derrota.* —Esas conmociones de los órganos llegan a la corteza cerebral, nos damos cuenta de que empezábamos a airarnos, y tal vez el estímulo continúa solicitándonos.

FASE ACTIVA DERROTISTA

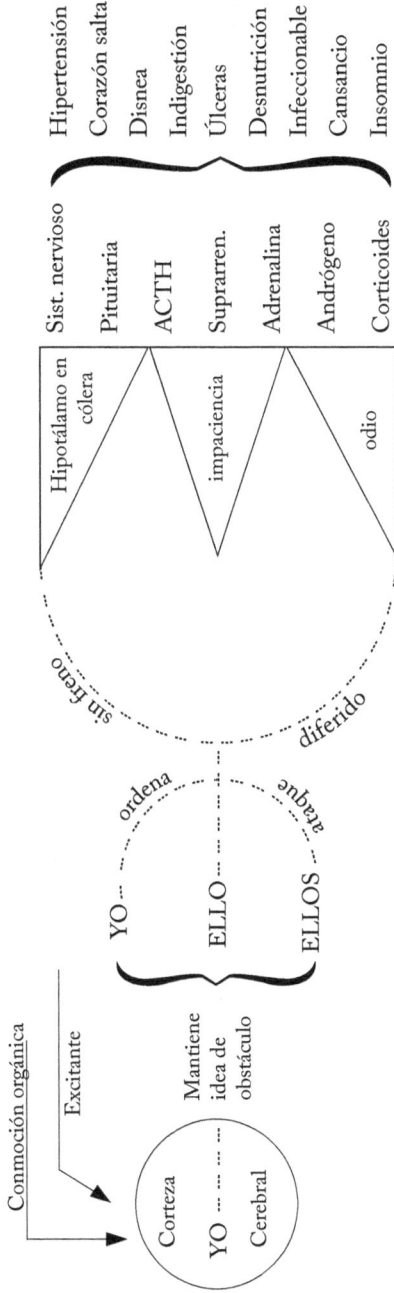

Conmoción orgánica

Excitante

Mantiene idea de obstáculo

Corteza
YO
Cerebral

YO --- ordena
ELLO
ELLOS --- atraque

sin freno

diferido

Hipotálamo en cólera

impaciencia

odio

Sist. nervioso
Pituitaria
ACTH
Suprarren.
Adrenalina
Andrógeno
Corticoides

Hipertensión
Corazón salta
Disnea
Indigestión
Úlceras
Desnutrición
Infeccionable
Cansancio
Insomnio

La voluntad, que hubiera podido desviar la atención a otras cosas, si cede a la ira, retiene el juicio práctico: "Yo, Ellos, Ello", lo hace más fuerte y prolongado y ordena el ataque. Este puede ser sin cortapisas, y entonces el hipotálamo desarrolla la cólera animal o ira desenfrenada con reacciones animales primitivas, como quien rompe lo que encuentra a su lado, o acocea al motor que no quiere andar.

O bien, ante las conveniencias sociales o el temor de las represalias, se contenta con un ataque frenado, con la impaciencia desgastadora, acompañada de amenazas o de actos que molesten al adversario, y de un sentimiento de disgusto y tristeza.

O finalmente resuelve diferir el ataque, con lo que tenemos el odio o ira embotellada, con tensión y trastornos prolongados.

Y en estos tres estados el organismo lanza a la lucha todos sus recursos: por medio del Sistema Nervioso autónomo sobreexcitado, por la hipófisis que libera la hormona ACTH, y por ésta, estimula las cápsulas suprarrenales. En ellas se fabrican lo que podríamos llamar "bombas atómicas del organismo": los grupos de hormonas mineral-cortocoides, gluco-corticoides y andrógeno que ayudan a producir en todo él esa revolución o sobreexcitación menos rápida que la del sistema nervioso, pero más profunda y duradera, con enorme liberación de energía como para usarse en periodos de emergencia. Sobre todo la médula de las suprarrenales, excitada rápidamente por vía nerviosa, libera abundante adrenalina. Esta, juntándose con el azúcar de la sangre, produce gran cantidad de energía, como para luchar contra el enemigo de nuestra felicidad; activa todos los órganos para esta lucha y llega también al hipotálamo, excitándolo de nuevo.

Y sentimos la hipertensión en las vasos sanguíneos y en los músculos; el corazón salta, los pulmones se agitan como para aprovechar más oxígeno; el estómago se hunde cortándose o perturbándose la digestión; el organismo se envenena si la ira se prolonga; el cansancio y el disgusto nos invaden.

Pasada la emoción, nos hacemos más débiles para resistir y más deprimidos por sentirnos vencidos. Suele a veces aflorar una maligna alegría de ver sufrir al adversario. Todos estos daños se evitan controlando aquellos pensamientos: Yo - Ellos - Ello. Tampoco se dan cuando la ira es impuesta por la razón y no por la pasión.

Una clínica de Nueva Orleans atribuye el 76% de sus pacientes a la cólera, odio o impaciencia no controlados y mezclados con el temor.

II) *Fase de control.* —Llegan las señales de la conmoción emocional a la corteza cerebral, nos damos cuenta de que estamos airados, de que nuestro organismo comenzaba a prepararse para el ataque o la defensa; tal vez el estímulo o la injuria o su recuerdo quiere seguir excitándonos. Entonces, si en vez de dejarnos dominar por la emoción ordenamos el control, el Yo, la voluntad libre puede seguir dos caminos.

FASE ACTIVA DE CONTROL

Primero: modificar el juicio práctico "Yo, Ellos, Ello" ya sea debilitándolo por la distracción, o mejor, anulándolo por la apreciación contraria.

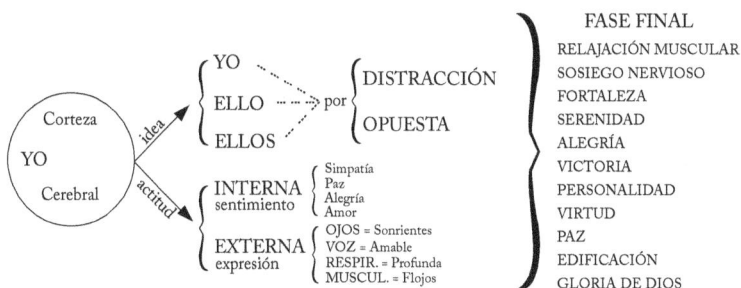

Segundo: puede también ordenar la actitud interna opuesta de amor y simpatía y su expresión externa en el rostro, en la voz y en los músculos.

1º Control por la distracción

Muchas veces oímos aconsejar: "Cálmese, no responda, domínese, tenga paciencia". Sería más eficaz, si en lugar de querer quitar el sentimiento o los actos (que son efecto de ideas), quitásemos o modificásemos esas ideas que los causan. Si, cuando el otro te insulta o te disgusta con su conducta, en vez de pensar en lo injusto o grosero de su proceder, concentras tu atención en otra cosa: en los objetos o colores que tienes delante o en las ondas sonoras que te llegan de todas partes, o (si eres psicólogo) en observar el desgaste de energía y reacciones de tu interlocutor, etc., apenas sentirás conmoción alguna.

Imitemos a las madres cuando para calmar a sus hijitos que lloran de ira les atraen la atención a otra parte.

Teniendo en cuenta que en momentos de cólera las palpitaciones llegan a 200 y más por minuto, y la tensión sube de 13 a 23 cms., un método de distraer la atención provechosamente sería contar las palpitaciones mientras miramos al reloj. Cuando hayamos contado 100 y veamos que el segundero apenas llegó a 30, tendremos temor, pero la ira se habrá extinguido. Si sufres con cualquier injuria, no la recojas. Verás cómo no se puede levantar ella sola.

2° Control por el pensamiento contrario

1º Trata de descubrir cuál de los tres: "Yo, Ellos, Ello", predomina en ti y búscale su contrario..

2º Al pensamiento de soberbia o temor que despertó la emoción, v. gr., "Yo no merezco ese trato", opón este otro: "Soy hombre como los demás, con limitaciones, defectos y transgresiones que merecerían peor castigo".

A la idea de que "Ellos son injustos o crueles" hay que oponer lo que dice la experiencia, que: "Todos tienen menos defectos y mayores virtudes de las que les solemos atribuir en nuestra ira". "Que habrán obrado por inadvertencia y sin malicia".

Jesucristo en la Cruz usó de este medio al pedir perdón por los que le crucificaron e insultaban, alegando que no tenían tanta culpa, pues "no sabían lo que hacían".

3º Más aún, si eres hombre espiritual, cristiano de fe viva, piensa que ese insulto te es muy debido por tus pecados, que es infinitamente menos de lo que te darían en el infierno, que es una gran ocasión que te ofrece Dios para ganar por la paciencia y humildad de un minuto un "peso eterno de gloria".

Una Hermana de la Caridad estaba pidiendo limosna para sus huerfanitos. "¿Una limosna —le contesta un señor anticlerical— para fomentar su holgazanería y ayudarla a esclavizar a los miserables? Esto es lo que usted necesita". Y descargó sobre ella un bofetón.

La religiosa pensó un instante en sus pecados y repuso sin inmutarse: "Esto para mí, señor. Ahora, ¿algo para mis huerfanitos?" El iracundo anticlerical quedó vencido, pidió perdón y dio una buena limosna.

Si sólo la presencia de aquella persona buena, pero antipática, hiela la sonrisa en tus labios, haz un poco de gimnasia espiritual, medita en sus virtudes, recuerda el título de Hijo de Dios y Heredero del cielo con que le brinda la Bondad Infinita; ve en ella a "Jesucristo disfrazado de defectos" que se acerca a ti para que le sonrías, le hables, le ames y le sirvas con mayor mérito.

"Lo que hicisteis al último de mis hermanos, a mí me lo hicisteis", dijo el Maestro Divino.

Finalmente "Ello", el acontecimiento, la ofensa, el sufrimiento no es tan intolerable ni peligroso. Si lo acepto y perdono mi personalidad se agiganta. Si nos priva de algún bien y comodidad terrena, esto y todos los bienes del mundo no son sino un polvillo, una insignificancia en comparación de los bienes eternos que se nos preparan por la tribulación. "Es un diamante para el cielo, aunque rodeado de espinas". Apartemos las espinas no mirando lo amargo del dolor, pero guardemos la joya aceptando lo que nos trae utilidad eterna.

La injuria u ofensa es una bomba que sólo puede estallar mediante la mezcla y detonador de nuestros pensamientos de protesta

En el capítulo XVI "Saber ser feliz", encontraremos pensamientos para cambiar el dolor en alegría.

3º Control por el sentimiento contrario

Tratemos de sustituir el sentimiento de disgusto, turbación y antipatía (en que nos quería poner la emoción) por el de la alegría y simpatía.

Ante todo, hay que digerir el sufrimiento inevitable, aceptándolo plenamente, si no queremos que nos siga envenenando.

Luego hay que tratar a esa persona como si nos fuera muy simpática, con pensamientos de aprecio y comprensión, descubriendo sus virtudes y excusando sus defectos, con tono de cariño y respeto, con obsequios y servicios, con oraciones y sacrificios por ella. Un mes de este trato bastará para hacérnosla simpática.

Saber pensar bien de otros y saberles sonreír es un secreto
para multiplicar amigos.

A un colega mío en China le asaltaron los bandidos la casa. Él recibió a los jefes con toda cortesía y amabilidad, como a gente de orden y de progreso; les invitó a tomar té, dulces y cigarrillos en su recibidor. Cuando, al acompañarles a la puerta, tropezaron con otros de la banda que se llevaban las mulas del misionero, los mismos jefes mandaron devolverlas y retirarse sin hacer daño alguno.

4º Control por la expresión contraria

Empleemos también el método fisiológico poniendo en nuestra voz, respiración, ojos y músculos la expresión contraria a la que nos quiere imponer la ira. Callémonos o conservemos la voz pausada, dulce y tranquila.

Si la llama del odio o de la impaciencia va a escaparse por tu boca, respira hondo dos veces antes de contestar y suelta el aire poco a poco. Verás qué pronto se apaga la llama. Mantengamos flojos y relajados los músculos de brazos y manos y de la boca y rostro; y, sobre todo, hagamos que la sonrisa se dibuje en nuestros ojos conservándolos blandos y suaves, pensando en algo agradable.

El comerciante de Manila mencionado arriba, además de cambiar los pensamientos "Ellos", "Ello", aceptó gustoso el que a la puerta de su despacho colgase un espejo con esta inscripción: "Ojos de sonrisa", y que los empleados entrasen con él en las manos cuando les llamaba airado. Al recordar por el espejo su propósito y al ver lo feo de su rostro en cólera, el resultado superó a sus esperanzas.

Una señora en Río de Janeiro, después de unas conferencias me vino a contar sus cuitas, su mal genio y el de su marido. "Mi hogar es un infierno —me dijo— siempre estamos peleando, y eso que somos cristianos piadosos". Le aconsejé que fuese a mirarse ante el espejo y procurase allí sonreír con los ojos. Cuando haya conseguido esa sonrisa franca y profunda y vea que su marido está volviendo a casa, haga un acto de fe: "Ahí viene Jesucristo, mi gran bienhechor, disfrazado con los defectos de mi marido, para que yo le sonría, le ame y le sirva". Pasado un mes vino a agradecerme el consejo; su hogar se había transformado, eran felices. Modificó el pensamiento y la expresión de la ira.

A veces las raíces de la ira están en el inconsciente activo. Puede ser, entre otras, a) una decepción, como el seminarista de la pág. 65, o b) una extensión o transferencia inconsciente de la persona que fue mala o injusta con nosotros (y que por la represión quedó en el olvido) a otra que se le parece en el físico, o en el vestido, etc. c) puede ser también el perfeccionismo que, al hacernos pretender demasiado, nos irrita cuando no lo conseguimos; d) o también una especie de compensación contra el temor de que somos víctimas en otras partes; como el que sufre de inferioridad en la oficina o taller y se desquita en casa maltratando a la esposa y a los hijos.

Me presentaron en una capital centroamericana a un niño de doce años con frecuentes arrebatos de ira en su casa. Tratando de descubrir la motivación de esos desplantes no encontré causa suficiente en el "Yo-Ellos-Ello"; pero al enterarme de que en el colegio sentía temor y complejo de inferioridad, le ayudé a sentirse animado y valiente y pronto superó también su ira.

Veamos, pues, cómo controlar el temor que tantas víctimas produce.

DOMINAR LA IRA

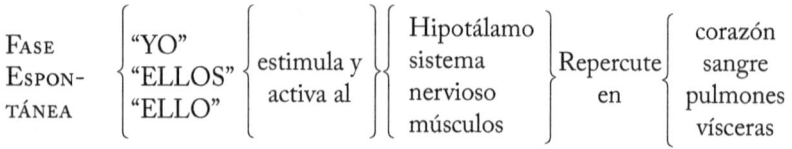

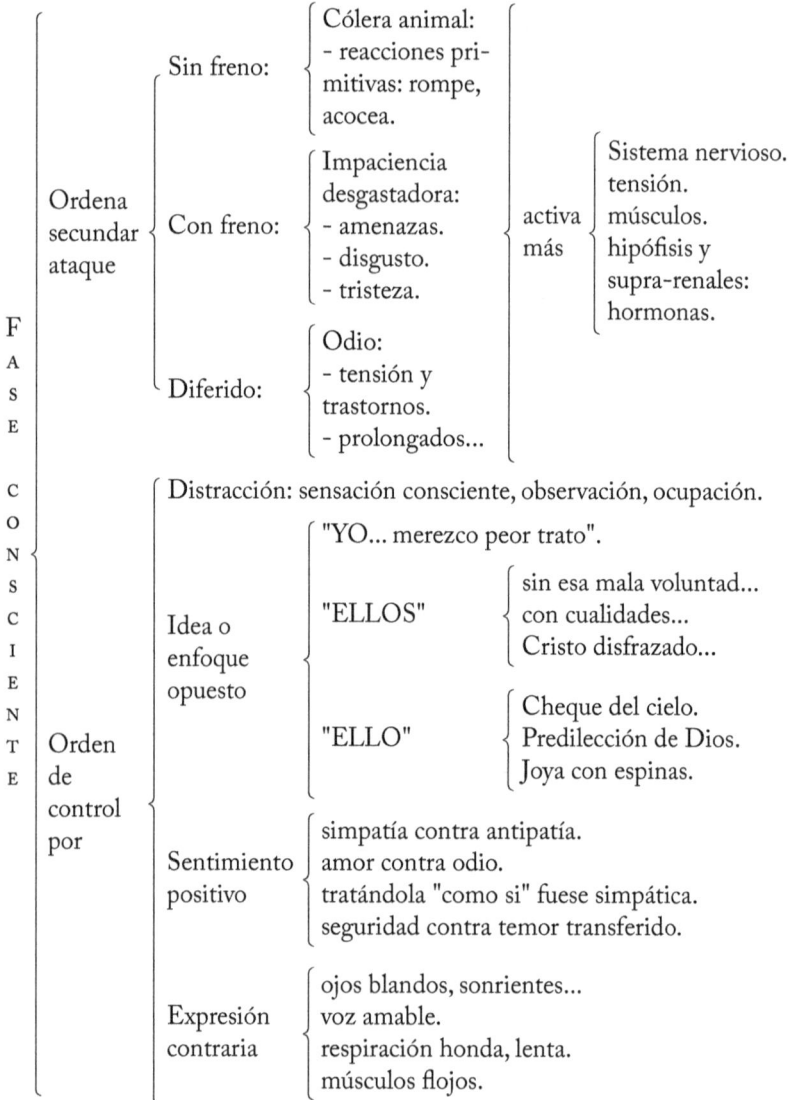

FASE ESPONTÁNEA	"YO" "ELLOS" "ELLO"	estimula y activa al	Hipotálamo sistema nervioso músculos	Repercute en	corazón sangre pulmones vísceras

FASE CONSCIENTE

Ordena secundar ataque
- Sin freno: Cólera animal: - reacciones primitivas: rompe, acocea.
- Con freno: Impaciencia desgastadora: - amenazas. - disgusto. - tristeza.
- Diferido: Odio: - tensión y trastornos. - prolongados...

activa más → Sistema nervioso. tensión. músculos. hipófisis y supra-renales: hormonas.

Orden de control por
- Distracción: sensación consciente, observación, ocupación.
- Idea o enfoque opuesto
  - "YO... merezco peor trato".
  - "ELLOS"
    - sin esa mala voluntad...
    - con cualidades...
    - Cristo disfrazado...
  - "ELLO"
    - Cheque del cielo.
    - Predilección de Dios.
    - Joya con espinas.
- Sentimiento positivo
  - simpatía contra antipatía.
  - amor contra odio.
  - tratándola "como si" fuese simpática.
  - seguridad contra temor transferido.
- Expresión contraria
  - ojos blandos, sonrientes...
  - voz amable.
  - respiración honda, lenta.
  - músculos flojos.

XIV

SUPERAR EL TEMOR

Si lográsemos arrancar de la tierra
la inseguridad y el temor exagerado,
duplicaríamos la salud y felicidad del género humano.

Si la ira implica agresividad y tendencia a destruir un obstáculo (verdadero o supuesto) de la felicidad, pero que creemos superable, el temor se da cuando ese obstáculo se nos presenta como insuperable. Entonces descartando la lucha tratamos de huir o evitar ese peligro.

"De niño sólo dos cosas temíamos, dice Fosdick, el caernos y los grandes ruidos. Luego la experiencia y la ciencia nos hacen conocer otros peligros razonables y guardarnos de ellos".

El temor ante un peligro verdadero es saludable y dado por Dios a los seres sensitivos y racionales como salvaguardia de su instinto de conservación. Quien ante la luz roja del tráfico no se detiene, atenta contra su vida.

Pero también el medio ambiente y nuestra imaginación nos hacen ver peligros donde no los hay, o nos hacen temer como 100 donde sólo había fundamento para temer como 1. De este temor infundado o exagerado es del que hablamos aquí.

Impresiones fuertes de terror o vivencias multiplicadas de temor, aunque sólo sean por la conversación, o la imaginación nítida, o el cine, o la novela, van dejando a manera de residuo o sedimentación en la subconsciencia la tendencia a la inseguridad, el sentimiento de temor; y cuando este sentimiento encuentra a la mente desocupada, tiende a ocuparla con sus imágenes temerosas, provocando las alteraciones orgánicas de inhibición, temblor, contracción de los vasos sanguíneos, palidez, respiración anhelante, rubor, palpitaciones, etc.

Grados de temor

Decíamos en la primera parte que la idea o aprensión de "peligro" fundada o infundada es la causa del temor y éste y la inhibición que le sigue van creciendo en proporción a la magnitud del peligro, a su inminencia y a la dificultad de evitarlo.

Así ante la mera posibilidad de un mal o por la sola desconfianza de superarlo, perdemos la espontaneidad de nuestros movimientos o discursos. Cuando hay que desfilar ante muchos que nos observan, ¡qué pocos conservan la naturalidad en el andar!

Si la desconfianza se convierte en alarma por parecernos el peligro probable o grave, se resquebraja la unidad de nuestro querer, pensar y actuar y los músculos nos tiemblan.

Si el mal grave aparece como inevitable, la angustia destruye el control de los movimientos, de las ideas y de los actos. La memoria queda inhibida en los exámenes de los tímidos, y su mente no discurre bien y su imaginación les hace ver lo que no existe.

Finalmente, si el temor avanza un grado más y aparece como inminente, grave o inevitable, se apodera de nosotros el pánico con cierta anarquía en el pensar, sentir y actuar, que llegarán hasta la paralización en casos de terror cuando los tres adjetivos llegan al superlativo. Recordemos la confusión y la ausencia de razón en el pánico por terremotos o por incendio de un teatro.

Cómo controlarlo

El temor es la emoción más difícil de controlar, porque con frecuencia no sabemos lo que tememos o por qué tememos, como en la angustia y en las fobias o temores infundados. Su motivación suele ser inconsciente, o se transfirió de la causa real a alguna circunstancia concomitante; o reprimiendo inconscientemente la reacción natural que heriría nuestro orgullo le dimos salida en esos miedos simbólicos que reconocemos infundados, pero que no sabemos dominar.

Dominar el temor inconsciente

Para esos casos se impone una exploración más profunda del subconsciente, de los orígenes de la anormalidad y de las circunstancias que la precedieron o la acompañaron. Descubierto esto, es más fácil superar ese temor.

Un párroco de Buenos Aires se sentía desazonado y con temor ante su bondadosísimo superior y ante algunos de sus mejores feligreses, pero no acertaba a saber porqué. Al sugerirle la posibilidad de que lo estuviesen causando impresiones desagradables de la infancia, tal vez olvidadas, se examinó detenidamente y por fin descubrió este hecho. A los doce años, al pasar un día junto a la taberna, un hombre gordo con un cuchillo en la mano se abalanzó hacia él gritando: "A este chico le voy a matar". Él gritó, corrió y llegó a casa temblando, y aquella noche tuvo sueños de terror. A los pocos días ingresó en el Seminario Menor y olvidó el trágico incidente. Sin embargo; todo el suceso seguía activo en la subconsciencia, causándole aquella desazón y temor. Ahora, al caer en la cuenta de que el Superior y aquellos feligreses eran todos gruesos, y habían sido para él símbolos del hombre del cuchillo, se sintió completamente liberado.

Vencer el temor consciente

Cuando sabemos la causa de nuestro temor exagerado, podremos seguir los siguientes pasos para vencerlo:

1) *Ante todo, hay que actuar.* Pues si el temor tiende a inhibir nuestras actividades, no hay que secundarlo con la inacción, sino al revés, vencerlo por la actuación. Un valiente explorador del Polo Norte, extraviado en aquellos interminables hielos, debió a esto su salvación. Al no acertar con su campamento, en lugar de angustiarse en la inacción, empezó a levantar montones de hielo de trecho en trecho. Estos le sirvieron de orientación parcial en sus diversos tanteos, hasta que por fin encontró el campamento.

2) *Concretarlo.* —El temor, cuanto más vago y confuso, más aflige. Contestemos por escrito y con detalle a estas preguntas: ¿Qué temo? ¿Y por qué? Al detallar el daño o peligro, veremos con frecuencia que era insignificante. El miedo es un monstruo que vive en la caverna del subconsciente, envuelto en tinieblas; iluminemos la caverna; saquémosle de su oculta madriguera; mirémosle cara a cara, y lo desharemos.

3) *Razonarlo.* —¿Qué probabilidad hay de que esto suceda? ¿De 1.000 veces, una?, de 100.000, de 1.000.000 de veces ¿una? Nadie se debe preocupar, cuando la probabilidad es tan pequeña que sólo es posibilidad. Y si acontece, ¿será tan desastroso como temo? Siempre la imaginación sobrecarga con tintes negros nuestras emociones.

4) *Encararlo.* —Y suponiendo que esto suceda, ¿qué? ¿No han pasado otros por trances semejantes y han podido vivir y ser felices? Y si he de morir, ¿qué? ¿No podría entonces empezar a ser más feliz en la eternidad?

Al imaginar lo peor que nos puede suceder y al aceptarlo, hallándole una solución humana o divina, venceremos el miedo exagerado.

5) *Evitar los excitantes,* o más bien las ideas de alarma que ellos suscitan en nosotros. Distraer de ellas nuestra atención concentrándola en sensaciones conscientes o en concentraciones voluntarias, o mejor, cuando el temor es exagerado e impuesto por la imaginación...

6) *Poner las ideas contrarias:* "No hay peligro. La probabilidad de que suceda es mínima. El mal que puede venir es insignificante o trae mayores bienes". Esto se facilita por la educación religiosa y los actos de confianza en Dios Padre providentísimo.

7) *Poner el sentimiento contrario:* de valor, de seguridad, de optimismo; por los mismos medios que nos trajeron temor, pero con signo contrario, es decir, por actos intensos de valor, por vivencias o recuerdos fuertes de seguridad, por palabras con el mismo tono. Un acto de heroísmo puede curar rápidamente a un tímido.

8) *Asociar* vivencias personales de seguridad a las que nos suelen producir temor, imaginándonos dominando la situación y diciéndolo con el tono seguro de la voz como el joven del cap. VII, pág. 93.

En un Seminario de Brasil se me presentó un tartamudo que temía no llegar al sacerdocio por ese defecto. Al verse ante el P. Rector no podía decir dos palabras seguidas. Lo mismo ante algunos compañeros y en algunas clases. En cambio declamaba bien lo que sabía de memoria. Era, pues, la emoción de temor que inhibía los músculos de la respiración y locución; temía que el P. Rector le declarase inepto para el sacerdocio por el que tanto suspiraba. Ese temor le acortaba la respiración; se le acababa pronto el aire al empezar a hablar. Le hice respirar hondo varias veces por la nariz bien ensanchada y luego, con el pecho lleno de aire, que intentase tartamudear. Vio con alegría que era imposible.

Entonces le ayudé a quitar aquel temor probándole que podía curarse y llegar al sacerdocio si ponía en la subconsciencia el sentimiento contrario por los medios que aquí indico y si lo ligaba a la vivencia que más le aterraba. En concreto le hice imaginarse hablando al P. Rector, respirando profundamente y sintiéndose seguro. Para eso iba yo delante diciendo y él repetía e imaginaba: Voy donde el P. Rector... le saludo... empiezo a hablarle... y estoy seguro, respiro profundamente, domino, estoy segurísimo... Estas últimas palabras las dijo al principio con tono descriptivo como las primeras, pero le exigí, que las repitiese con tono de seguridad imitándome a mí, y al hacerlo con todo el coraje, o fuerza de que era capaz le sentí transformado. Tres días después, el Rector me vino a dar las gracias por el bien hecho a sus seminaristas, y en especial por la curación del tartamudo.

9) *Para la angustia muscular.* —Llamo así a un estado latente de inseguridad o angustia debido a una fuerte y prolongada tensión en los músculos intercostales. Estos impiden la conveniente dilatación del pecho, la que tenemos cuando estamos animados o seguros; y en cambio nos imponen la postura del tímido o deprimido. Para estos casos, de no aparecer causas psíquicas o emocionales de temor, tratemos de ablandar esos músculos cuanto antes con adecuados ejercicios gimnásticos, con postura más correcta y con masaje.

10) *Poner la expresión contraria:* de ojos no muy abiertos y fijos que indicarían temor, sino más bien de mirada segura y blanda; de

una voz más profunda y firme apoyándola en el aire que sale y no en la garganta; y de una respiración más profunda y lenta. Para esto, en vez de fijarnos en ensanchar los pulmones, atendamos a ensanchar las aletas nasales y conservarlas bien abiertas en la espiración.

Vencer la obsesión del escrúpulo

Esta obsesión de inseguridad puede versar sobre cosas profanas, como quien salido de casa se angustia con la duda de si apagó la luz o cerró el grifo o la puerta, y suele recaer con frecuencia sobre asuntos religiosos o morales. El escrúpulo religioso es un temor infundado, torturador, de pecar o de haber pecado. Es un error o duda angustiosa causada por el fuerte temor que inhibe o perturba la razón Es fuente de turbación y tristeza, de muchos desarreglos orgánicos y de apocamiento y disturbios de la personalidad. No dominado a tiempo, puede ser ocasión de desesperación, de relajación de costumbres y aún de perversión moral.

Causas predisponentes. —Las que indicábamos arriba para la impresionabilidad o emotividad exagerada: como debilidad orgánica y desgaste cerebral. Temperamento negativo. Sedimento de inseguridad por vivencias de temor no contrarrestadas. Imaginación descontrolada y exagerada. Educación excesivamente rigurosa. Trato con escrupulosos. Ansia de excesiva certeza. Miedo a la responsabilidad.

Puede ser también una tentación del demonio. Cuando es prolongada, casi siempre es indicio de psiconeurosis y a veces también de psicosis. Dicho de otro mono, el escrúpulo es uno de tantos síntomas de estas enfermedades psíquicas, y no un indicio de mala vida sobrenatural.

Causa verdadera. —El pensamiento que produce el escrúpulo es éste: "Peligro eterno si no salgo de esta duda o si obro con ella". Este pensamiento se lo impone al escrupuloso no la realidad del peligro (ya que no hay nada que temer como le dice su director), ni la razón que está inhibida por el temor, sino la imaginación avivada por la tendencia a temer y por la imperiosa necesidad de descubrir y tapar resquicios por donde pueda entrar lo que teme. La razón en cambio le dice, por su director, que lo que tiene es enfermedad psíquica y no moral.

Así, pues, para curarse tendrá que despreciar prácticamente ese pensamiento, no pretendiendo razonarlo ni examinarlo en detalle, ya que todo síntoma se agudiza por el pensamiento temeroso de él. Sencillamente hay que cerrar toda discusión. Mejor todavía, no querer salir de una duda impuesta por la enfermedad y no por la razón, y aceptando humildemente esta limitación, compensarla con mayor confianza en la misericordia divina (acto subjetivamente heroico).

Remedios

1° Ante todo asegurarse de que es realmente escrúpulo y no mera ignorancia o una prueba pasajera de Dios. Este juicio lo dará el director y no el enfermo.

2° Entonces acepte lo que está científicamente probado, es decir, que se trata de una enfermedad psíquica y no moral. Para convencerse, lea los síntomas que aparecen en el triple esquema del capítulo II. Encontrará que tiene más de uno. Recuerde también lo qué decíamos de los "grados del temor", que cuando es grande (y ninguno mayor que el causado por la idea de "peligro eterno") no sólo inhibe y perturba los músculos, sino también la mente y los sentimientos. La emoción de temor de tal manera perturba al escrupuloso, que le hace ver peligro donde no lo hay, o ver pecado grave donde sólo hubo imperfección o falta leve.

Esta perturbación emocional o hipersensibilidad de la conciencia tiene sus raíces: a) En hechos de la vida pasada, sobre todo de la infancia, como jueguitos sexuales que al valorarlos con la conciencia actual nos parecen monstruosos y nos producen angustia. b) En lecturas, conversaciones, acontecimientos terroríficos que nos aumentaron la inclinación a temer. c) En el mismo escrúpulo o estados prolongados de inseguridad o terror que han impregnado la personalidad dejando en el inconsciente esa tendencia excesiva a descubrir peligros y evitarlos cuanto antes.

Así predispuesto, al aparecer aquel pensamiento o movimiento, o aquella acción intranquilizadora en la conciencia, el inconsciente se alarma, quiere tapar ese resquicio de inseguridad y aparece la angustia en la conciencia.

3º Según esto, hay que situar la lucha en su terreno propio. No pretenda destruir a ese enemigo psíquico y natural con sólo remedios espirituales o sobrenaturales, como la absolución. ¿Qué diríamos del que se acerque a un sacerdote repitiendo despavorido: ¡Padre, sálveme, déme la absolución, que tengo dolor de muelas!? La respuesta sería: "Vaya al dentista, pero deje de temer condenación por eso". Lo mismo hay que decir del escrupuloso: "No dé alcance de eternidad a lo que sólo es perturbación emocional".

4º Reconozca, pues, que la emoción de tal manera le perturba el juicio, que le hace ver lo que no hay. ¿No es frecuente, cuando de noche se habla de apariciones o fantasmas, que personas miedosas los vean y sientan? ¿No se les olvida en el examen a algunos tímidos lo que sabían muy bien, y no aciertan a discurrir cuando les domina el temor? ¿Qué pensar del ciego, guiado por su lazarillo, que de repente se detuviese aterrado diciendo: "No, no puedo dar ese paso porque estoy viendo un abismo?" Ciego y ¿viendo? Lo mismo le pasa al escrupuloso cuando ve pecado y sacrilegio y tiembla al ir a comulgar a pesar del dictamen del confesor.

Exijámosle que lo haga, pero en vez de perder tiempo en examinarse de nuevo y ponderar el sacrilegio que cree ver, que se esfuerce en repetir actos de amor y confianza. Tal fe y obediencia que desprecia su propio juicio por el de Dios, es heroica, y cada acto de amor le da o aumenta la gracia.

5º Al que tiene un reloj o termómetro que no marca bien, todos le aconsejan que no se rija por ellos, sino por lo que digan los que los tienen normales. Así también al escrupuloso le da derecho Dios a no guiarse ni inmutarse por lo que le diga su conciencia perturbada por el temor, sino por lo que indique su director. Más aún, su Padre Celestial le pide que se aproveche de esta facultad y que, despreciando ese juicio subjetivo, siga tranquilo.

6º Cuando el escrúpulo versa sobre la vida pasada, aun a pesar de confesiones generales serias; cuando cree que olvidó, no confesó bien, o no le entendieron, recuerde que por la absolución indirecta ya quedaron borrados todos los pecados el día en que hizo una confesión con buena voluntad. La obligación de declarar en la siguiente confesión los pecados olvidados es sólo para los ciertamente graves, ciertamente cometidos y ciertamente no acusados, y aun esa obligación cesa para el escrupuloso.

7º Muchos confunden confesión perfecta y confesión buena. La perfecta, sólo la podría hacer Dios, que conoce la responsabilidad de cada uno. La buena, todos la podemos hacer, pues sólo nos exige buena voluntad, y muchos escrupulosos difícilmente podrán hacer otra cosa con su mente inhibida y perturbada por la emoción. Sepan, pues, que en esa confesión se perdonaron por la absolución directa los pecados acusados, y por la indirecta los olvidados o los acusados con buena voluntad, aunque no con perfección. En lugar de angustiarse sobre si dijeron todo y bien, aviven la fe de que Jesucristo les lava con su sangre divina; que viene la Misericordia Infinita perdonando, borrando y olvidando sus culpas, como en forma humana y limitada nos lo representó por, el padre del hijo pródigo.

8º Hay dos medios para recobrar la gracia perdida: la confesión y el acto de amor a Dios o de perfecta contrición. Por otra parte, la confesión y su integridad no obligan con grave inconveniente, como dice la moral. Ahora bien, para esos escrupulosos, con ese nerviosismo y confusión de ideas en el examen y en la confesión, llegan éstas a ser un tormento, y exigirles la integridad en la acusación sería para ellos un grave daño psíquico. Luego podrán, de acuerdo con su confesor, contentarse con una declaración general o simplemente, arrepintiéndose y reconociéndose pecadores, pedir la absolución, o más sencillo aun, asegurarse de estar en gracia por el acto de amor de Dios.

9º A aquéllos cuya obsesión y duda verse sobre actos internos, como pensamientos, deseos, intenciones, sentimientos, dolor, propósito, habría que prohibirles no sólo el acusarse, sino también el examinarse de ellos; pues si para todos es difícil discernir nuestra responsabilidad en tales actos, para el escrupuloso esto es imposible. Consuélense con la realidad de que los llamados pecados de pensamiento no son sino actos deliberados de la voluntad que escoge, por ejemplo, el placer prohibido, y para conseguirlo quiere esos pensamientos y se relame en ellos como quien chupa un caramelo.

10º Como el escrupuloso apenas vive el presente ni se da cuenta exacta de los colores que ve, o los sonidos que oye, sino que está siempre enredado en sus pensamientos subjetivos, procure aumentar la vida consciente con sensaciones voluntarias, captando sobre todo los colores, viviendo el "presente", o realizando el "Haz lo que haces" (cap. III).

11º Reeduque la concentración, acostumbrándose a pensar en una sola cosa. El escrupuloso no sabe desentenderse de su obsesión cuando estudia, conversa, trabaja (cap. IV).

12º Fortifique sobre todo la voluntad por decisiones repetidas y asumiendo responsabilidades, lo que está en él casi extinguido. Por eso no debe el director tomar siempre sobre sí la responsabilidad de la decisión, sino que debe hacer que poco a poco la tome el enfermo mismo.

En Medellín (Colombia), después de una conferencia me vino a ver una señora que hacía 17 años sufría de persistentes escrúpulos que la robaban la paz y la alegría. No podía comulgar si no precedía inmediatamente la confesión; aun así, lo hacía temblando. Parecía muy abatida y desmejorada. Le probé que su enfermedad no era moral, sino psíquica, mostrándole los demás síntomas que en ella se daban (cap. II, esquema) y procuré convencerla que nada tenía que temer por su alma, pero sí por su salud. Le expliqué la raíz afectiva no intelectiva del escrúpulo, a saber: uno o muchos hechos psíquicos que le causaron temor y que al no haber sido contrarrestados le arraigaron la inclinación a dudar y temer. Esa tendencia era la que le perturbaba suscitando con cualquier apariencia de culpa la duda y temor de pecado.

La expuse las condiciones psíquicas para el pecado grave: conciencia clara, libertad plena y voluntad deliberada en materia grave. Condiciones que en su caso no se daban. Cuando existen no dejan lugar a la menor duda. Eliminada así la raíz intelectiva del temor, pudo prometerme no importársele más por el escrúpulo; más aún, despreciarlo prácticamente contraponiéndole en seguida una sensación consciente. Comenzó a salir de su mundo subjetivo hacia el objetivo por medio de actos conscientes caía vez más repetidos. En la segunda entrevista corroboramos la seguridad inicial y le enseñé a reeducar su voluntad. Cuando la volví a ver a los seis meses, estaba robusta, alegre y feliz. Los escrúpulos sólo volvieron en una crisis psíquica ocasionada por la muerte de su padre, pero en poco tiempo los dominó por sí sola.

13º Reconozca que es ciego curable y que necesita entretanto de lazarillo, y obedezca ciegamente al director, quien con celo, paciencia y bondad le aplicará, primero el remedio, y luego hará que él mismo se lo aplique, exigiendo con firmeza su ejecución. En el momento de la duda, aténgase a lo determinado con su ayuda o cuando estaba tranquilo.

14º No se mueva por dudas o por "tal vez", sino únicamente por evidencias; y observe con fidelidad inviolable estas tres reglas:

a) No acusar jamás dudas o tentaciones en la materia del escrúpulo.

b) No volver a hablar de confesiones ni de pecados de la vida pasada.

c) Al obrar, despreciar las dudas repentinas. Hay que aceptar que el malestar derivado de lanzarse a la acción a pesar de la duda, o contra su ansia de seguridad total, es un malestar que vale la pena de ser sufrido y entra en el plan de Dios, porque le sirve para dominar su perturbación y le acerca a la normalidad. Por el contrario el alivio momentáneo sometiéndose a su tendencia dubitativa es precursor de mayores molestias.

15º Conténtese con la seguridad humana de su salud, de su salvación o del estado de gracia, y no quiera tener la seguridad propia de Dios o del cielo que excluye toda posibilidad contraria. Así habrá margen para la confianza, que tanto agrada a Dios.

16º Aumente esta confianza con actos repetidos y concretos, subjetivamente heroicos, aun contra el sentimiento contrario.

17º Luche contra el sentimiento inconsciente de temor o de duda, que es la raíz remota del escrúpulo. Repita pensamientos, frases y actos de valor y confianza que acabarán por neutralizar el sentimiento contrario.

Recordemos el caso de san Francisco de Sales, para quien, aquel intenso y prolongado desahogo de amor fue contrapeso adecuado y curación de su tendencia al escrúpulo.

18º Cambie la actitud negativa de quien teme o rebusca pecado y responsabilidad, por otra positiva que se fija y se examina sobre cómo hubiera podido agradar más a Dios, ayudar más al prójimo, practicar mejor la virtud. Cambie el examen y el pensamiento de pecados por el de virtudes.

19º Finalmente, respire más profunda, lenta y rítmicamente y afloje la tensión de sus músculos, sobre todo los ojos y la frente. Dibuje la sonrisa en su rostro, como quien sabe que sus temores son exagerados y se deben a la enfermedad y no a peligro verdadero del alma.

Imite a una señora que, no acertando a desentenderse de su obsesión por otros medios, siguió éste del relajamiento muscular y poniendo "cara boba", como ella decía gráficamente, se tranquilizaba si el escrúpulo le venía en el día, y si era estando en la cama, al aflojar sus músculos, se dormía en seguida.

Sentimiento de inferioridad

Mal muy extendido

Una investigación entre 270 estudiantes de una universidad norteamericana dio 240 con sentimiento de frustración o deficiencia: incapacidad física, presencia poco simpática, amores contrariados, escasa aptitud para el estudio o para el trato social, remordimientos, etc.

Se ven alumnos con brillantes composiciones en el examen escrito, a quienes el miedo a los examinadores turba y desluce en el oral. Noveles oradores o poetas con magníficas piezas retóricas o poéticas, o músicos habilidosos, a quienes la vista de un auditorio exigente hace temblar, palidecer, balbucear y aun olvidar lo que llevaban bien aprendido, a quienes las críticas demasiado severas de sus colegas en sus primeras actuaciones cortan las alas para toda la vida. Hombres bien preparados que, al fracasar en un negocio o empleo, se juzgan ya ineptos para nuevas empresas. Personas, en fin, de amena conversación y trato delicado, a quienes un interlocutor dejó un día malparadas, las vemos reconcentrarse en un mutismo cada vez mayor, sonrojarse al tener que intervenir en sociedad y finalmente convertirse en misántropos solitarios.

Dactilógrafos, pianistas, niños o jóvenes de habilidades extraordinarias, en privado o en familia, semejan nulidades ante otras personas.

Esta timidez, que no hay que confundir con la humildad, puesto que con frecuencia nace del amor propio desordenado, causa a sus víctimas no pocos sufrimientos, desde el rubor, temblores, palpitaciones, tartamudeos, etc., que aparecen y desaparecen con ella sin más consecuencias, hasta las fobias o la inhibición psíquica, que paraliza o entorpece los músculos cuando el miedo llega a las fronteras de la emoción-choque.

La humildad no deprime: es la verdad, y lleva a Dios y a la confianza. La timidez, con frecuencia, aumenta la soberbia, o es causada por ella.

Cohete dirigido

Tu organismo es un cohete dirigido, perfectísimo. La dirección que hay que darle para que reaccione con seguridad o cobardía se la das tú en cada circunstancia. Si te imaginas temblando, sudando o colorado porque en caso semejante temblaste... tu organismo reproducirá esos síntomas. Pero si te imaginas sereno y conservas ese concepto de ti hasta el momento de actuar, actuarás con serenidad.

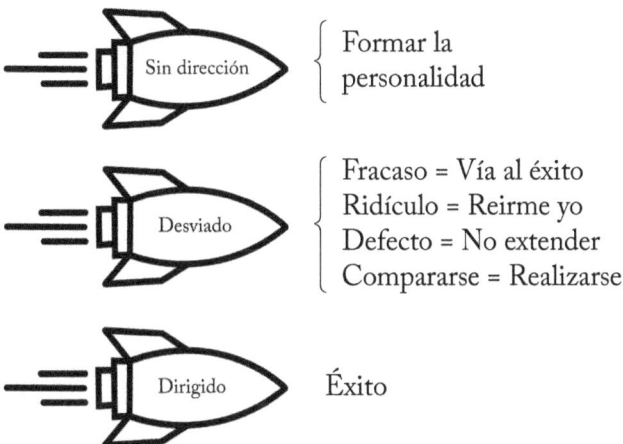

Sin dirección	Formar la personalidad
Desviado	Fracaso = Vía al éxito Ridículo = Reirme yo Defecto = No extender Compararse = Realizarse
Dirigido	Éxito

Causas: Concepto falso de sí mismo. —Si te crees inferior a los demás o a ti mismo y tiemblas, te sonrojas o sudas ante el público, estás dirigiendo mal tu mecanismo emocional, que es como un cohete dirigido.

Al cohete, el militar le da dirección. A tu organismo, complicadísimo, tú se la das. Si piensas o temes que vas a temblar, equivocarte, marearte, etc., tu organismo lo hará. Pero si te imaginas de veras seguro, lo estarás.

1ª Por personalidad sin formar.

Así, pues, si tu cohete dirigido nunca tuvo dirección al éxito porque recibiste una educación superprotectora, sufres ahora de falta de personalidad por no haber superado dificultades, ni enfrentado peligros, ni asumido responsabilidades. Forma ahora tu personalidad encarando peligros ineludibles, tomando responsabilidades y decisiones, pequeñas primero y luego mayores.

2ª Por fracasos.

Si tu cohete se desvió por fracasar en un negocio o actuación pública, no pienses: "Fracasé, luego soy el fracaso", sino al revés: "He descubierto y evitaré caminos falsos al éxito y estoy más cerca del triunfo duradero".

Así pensó Edison tras muchos fracasos e inventó la lámpara incandescente y otras 2.500 patentes.

3ª Por temor al ridículo.

Si por haber hecho el ridículo no te atreves a leer o hablar en público, no creas que "se rieron de ti", de tu persona (que es algo muy noble y único). Se rieron de algo ridículo que había en ti, y de eso que no eres tú, te puedes tú también reír. Si lo haces francamente, agradas y admiras al público y acabas con ese miedo.

4ª Por defecto que exageras o generalizas.

Sentirse inferior por ser muy gordo o flaco, alto o bajo, o por un defecto físico, cicatriz o mancha, etc., es no comprender que la grandeza del hombre no se mide por su cuerpo o músculos, sino por su mente y corazón y, sobre todo, por su virtud. No hay que compararse a los demás ni copiar servilmente la personalidad ajena, sino mejorar y realizar la propia, utilizando los talentos y oportunidades recibidas y aceptando de corazón las limitaciones. Sobre todo, si te toca actuar entre gente superdotada, recuerda: a quien Dios dio cinco talentos le exigirá otros cinco, y el que recibió diez dará cuenta de diez.

Superadas estas causas, el cohete bien dirigido te llevará al éxito.

Remedio preventivo

Ante todo no infundir tal sentimiento en los niños o jóvenes exagerándoles o recordándoles continuamente sus defectos. No infundirles ni por broma temores de fantasmas, de muertos, de la oscuridad, de los animales, porque probablemente continuarán activos en lo inconsciente aun cuando mayores. Por el contrario, hay que animarles y mostrarles sus posibilidades de progreso. Hay que hacerles triunfar y sobresalir en algo. Que enfrenten las dificultades y las superen poco a poco. Hay que enseñarles a usar bien de su libertad, darles cada vez más y que tomen decisiones y responsabilidades personales. Si tienen fracasos o temores, ayudarles cuanto antes a superarlos convencidos de que no deben desalentarse, sino aprovecharlos para aprender a levantarse y desarrollar mayor fortaleza.

Remedio curativo

Quien tuviera ya esta timidez:

1° Procure desarrollar el sentimiento contrario con actos de valor o heroísmo, con pensamientos optimistas, con actitud de seguridad.

2° Examine serenamente, por sí o por otros, sus cualidades y posibilidades y sus deficiencias.

3° Saque a flote y concrete los pensamientos y los motivos que le desaniman, y, quitadas las deducciones exageradas del subconsciente, procure afianzarse en la verdad. Haga el examen por escrito y muéstrelo a su director espiritual o consejero psíquico.

4° Comprenda que no hay razón para acobardarse, que en lo esencial todos los hombres somos iguales, que en la materia en que uno se especializa es superior a casi todos, que las medianías abundan y los genios saben disimular las deficiencias y descubrir las cualidades, etc. Empápese de estas ideas, resúmalas en fórmulas sugestivas y repítalas con frecuencia, sobre todo cuando aparecieren las señales de timidez.

5° Con esta convicción y sugestión acometa las dificultades, empezando por las más fáciles, y anímese con cada victoria repitiendo muchas veces: "Voy triunfando", "cada día tengo más ánimo", etc. Nunca emplee fórmulas negativas o que recuerden la fobia o los síntomas que le molestan. Así, son contraproducentes: "No me pongo colorado, no tiemblo, no tartamudeo".

6° Suelen los tímidos recordar tenazmente sus derrotas y olvidar fácilmente sus triunfos. Así, pues, para modificar esta memoria negativa, harán bien en no pensar voluntariamente en ningún fracaso y, en cambio, les convendría escribir los éxitos de cada día y aun los de la vida pasada. Al sentirse más desalentados leerán con fruto sus notas.

7° Remedio sobrenatural. Avivar la fe en Dios que nos aprecia y nos quiere y puede ayudarnos y sacar la consecuencia: "Humilde, sí, tímido, no, porque todo lo puedo en Aquel que me conforta".

Aceptemos también nuestras limitaciones. Todos somos barro y somos espíritu, seres caídos en Adán, pero levantados por Cristo hasta llamarnos y ser, en verdad, "Hijos adoptivos de Dios".

8° Como tratamiento somático se recomienda cualquier tónico o fortificante del sistema nervioso, los deportes o ejercicios físicos moderados, entre ellos la respiración completa, y la seguridad en la mirada: no que aparezca escrutadora o provocativa, ni hundiéndola en los ojos de su interlocutor, sino que se pose dignamente en el comienzo de la nariz, entre los dos ojos.

Si tiene fotofobia, si la luz le molesta, colóquese a contraluz o use gafas ahumadas, o mejor, cure la fotofobia por los baños de sol en los ojos (segunda parte: "Saber descansar". "Descansar la vista").

Eritrofobia o rubor inmotivado

Una manifestación muy frecuente del sentimiento de inferioridad suele ser este rubor que hace sufrir tanto a sus víctimas. Por eso nunca debemos burlarnos de ellos. El dolor es siempre sagrado y debe ser respetado aun cuando sea subjetivo. A veces puede tener raíces profundas, de algo que hirió nuestro amor propio y no quisimos ni queremos aceptar ni confesar. La ayuda del especialista para descubrirlo y superarlo sería entonces utilísima. En los casos ordinarios hay que quitar importancia a un fenómeno tan común, que, si indica timidez, es también señal de modestia y virtud (los perversos no se ruborizan).

Ante todo, sepan que el color no afluye tan pronto como creen.

Procedan "como si no" les importase, tomando parte más activa en la conversación o atendiendo más a lo que se dice o a lo que tienen presente, pues si esta atención llena el campo de la conciencia, expulsará la otra subjetiva de las alusiones o aplicaciones sugeridas por su timidez y que causaban su rubor.

A un joven profesor que se ruborizaba y sudaba ante los discípulos le impresionó y curó este razonamiento: "Si yo, a pesar de sentirme ruborizado, sigo firme y enérgico en la mirada y sin preocuparme, no sólo no soy inferior a nadie, sino mayor y más fuerte que todos; pues a casi todos suele acobardar este estado".

Los medios expuestos más arriba para superar el temor o la timidez, sobre todo los que afianzan la personalidad, son también aconsejables contra el rubor infundado. En particular trate de reproducir en su mente las circunstancias que más le ruborizan, y al estarlas así viviendo, imagínese sereno y dígalo con tono de absoluta seguridad.

Presentóse al Padre Laburu[26] un joven de 25 años que se sonrojaba en presencia de cualquier persona. Informóse el Padre de sus antecedentes. Esto le sucedía desde los 11 años. Hizo un día una trastada en la calle. El maestro en la escuela le llamó para dar la lección y él se puso colorado. Preguntado sobre el motivo, mintió. Eso le dejó tan perturbado que, al día siguiente, al dar la lección, se sonrojó de nuevo.

---

[26] Véanse las magníficas lecciones de "Psicología Médica" dadas en la Universidad de Buenos Aires por el P. Laburu, S. J., y publicadas por Mosca Hnos., 1945, Montevideo.

Luego le pasó lo mismo hablando con su padre, y más tarde con otras personas. El Padre Laburu le descubrió la causa, y, haciéndole reproducir con su imaginación las circunstancias que más le impresionaban, le hizo repetir con el mismo tono de dominio con que hablaba él: "Estoy delante de mi padre y me siento tranquilo, totalmente seguro". Al conseguir decirlo con tono de seguridad, se sintió transformado.

Los superiores o directores, al tratar con tímidos, harán mejor en no mirarles a los ojos o al rostro y aun en no sentarles frente a sí, sino de lado. Así tendrán menos empacho y más confianza. Tampoco les deben exigir, sin entrenamiento, como actos de vencimiento, aquellos en que la dificultad subjetiva proviene más de la timidez o fobia que de la soberbia o falta de mortificación.

Los oradores y actores que ven su respiración entrecortada y como ahogada antes de subir a la tribuna, procuren respirar profundamente durante cinco o diez segundos, vaciando sus pulmones de aire viciado. Al llenarse éstos automáticamente de aire puro, aumentan la seguridad de las primeras palabras y alejan la timidez.

Para los que tienen fe, el gran remedio es la confianza heroica y concreta en Dios, que puede y quiere ayudarnos, pues nos manda que "no temamos" ni aun "a aquellos que pueden matar el cuerpo"; y también la oración perseverante y confiada que consigue todo lo que pide: "Cuanto pidiereis al orar, creed que lo recibiréis y se os dará".

PENSAMIENTOS DE VALOR

"Patientia opus perfectum habet". O lo que es lo mismo, la paciencia perfecciona la virtud.

"Per angusta ad augusta", decían los latinos. Es decir, por la estrechez y dificultad se va a la grandeza.

Ella me trae cada día una mejoría y una experiencia útil.

Brizna de hierba no muerta puede levantarse de nuevo.

No hay noche tan oscura en la que no asome una luz.

Lo que no me vence me hace más fuerte.

Sólo el pez muerto deriva hacia la orilla sin poder vencer la corriente.

Cada día puedo ver mejor la cara bonita del dolor y convertirlo en alegría. Cada día puedo ver mejor el lado bueno de las cosas y llevarlo todo a buen fin.

Nadie fracasa hasta perder la jovial y optimista esperanza en el éxito de sus empresas.

Sabiendo sacar provecho de la lección, el ser vencido se transformará también en una fuerza.

Así como el saber caer es necesario para algunos deportes, así también para vencer en la vida es necesario saber triunfar cuando somos vencidos: caer sin desalentarnos, perder sin irritarnos, fracasar sin desesperarnos, sufrir sin entristecernos.

"Todo lo puedo en Aquel que me conforta".

El que todo lo puede está conmigo, ¿a quién temeré?

La Providencia nos lleva en sus brazos omnipotentes como una madre a su hijo. Imaginémoslo para que nos produzca más efecto. Imitemos al niño entregándonos seguros, distendiendo los músculos, confiando alegres.

ACTITUDES DE HEROÍSMO EN MI MISIÓN

Ante la irrupción comunista en China, cónsules extranjeros ofrecieron buques y urgieron la evacuación. El obispo expone el peligro de cárcel y muerte, dejando la decisión a cada misionero.

Uno responde: "Mi deber es seguir con mis ovejas... Me quedo".

Otro: "Morir de un sablazo es más limpio, poético y apostólico que morir de angina en la cama... Me quedo".

Otro: "Quedarse es jugar a la carta de Dios... A Él me atengo".

Anciano de ochenta años: "¿Cambiar de madriguera a mi edad?"

Otro: "Tras la lluvia, el buen tiempo... Aquí lo aguardo".

Otros: "Nuestros cabellos están contados. Ni uno solo caerá sin que Dios lo permita... En Él confiamos. ¿Qué vamos a temer? Sólo se muere una vez. Lo importante es morir bien".

SUPERAR EL TEMOR

Temor razonable: por peligro real: Es providencial, útil.

Temor { Exagerado, infundado por { Inducido por otros. Experiencias, cine, imaginación, lecturas { Deja tendencia a inhibirse, a descubrir peligros: deja inseguridad.

Inseguridad: tendencia a tener pensamientos de { Inquietud, alarma, timidez, angustia, inferioridad. Auméntase por { Experiencias temerosas no superadas. Pensamientos de inseguridad. Recuerdo de fracasos. Actitud tímida.

GRADOS DE TEMOR

1º "¿Peligro?" Desconfianza, intranquilidad

2º "¿Peligro grave?" Alarma

3º "Mal grave vago" Angustia "Inevitable"

4º "Mal gravísimo" concreto, inminente, invevitable — Pánico, Terror

EFECTOS INHIBITORIOS

Altera espontaneidad de { Movimientos. Raciocinio.

Inhibe los músculos: temblamos. Resquebraja la unidad del querer, pensar, actuar. Inhibe la memoria.

Descontrola { Movimientos. Ideas, sentimientos.

Anarquía del: Pensar, sentir, actuar. Paralización muscular.

SUPERAR EL TEMOR {

Inconsciente: Descubrir { Transferencia, represión. Experiencias olvidadas. Exageración.

Consciente {
Actuar en vez de inhibirse.
Concretar lo que teme, escribirlo.
Razonarlo, pesando las probabilidades.
Encarar lo peor y buscarle solución o resignación.
Evitar ocasión o las ideas de alarma.

Poner pensamientos razonables de seguridad { Humana. Divina.

Poner sentimientos de valor por { Pensamientos. Palabras. Obras, expresión.

XV
VENCER LA TRISTEZA

Se debe la emoción de la tristeza a la idea de fracaso en una actuación o empresa, idea de frustración de un deseo o esperanza, o frustración de la misma vida, idea de carencia o de pérdida de un bien, idea de un mal presente que sintetizamos en la palabra dolor. Y será más aguda y penetrante cuanto mayor sea o nos parezca ser lo perdido, y tanto más paralizadora cuanto más alejado vemos el remedio. Será tristeza negativa o desesperación si se juntan los tres conceptos de pérdida, de total y de irreparable. De ahí que ninguna puede ser mayor que la tristeza del infierno, donde la pérdida aparece claramente como infinita y sin remedio para toda la eternidad.

Los daños específicos de la tristeza, además de los efectos generales y comunes a las emociones depresivas, como por ejemplo fatiga, hipertensión, asma y trastornos en la digestión y circulación, se podrían sintetizar en estos dos verbos: "retardar y paralizar". La tristeza retarda todo lo que sea vitalidad, eficiencia, salud, cambios nutritivos, etc., y a veces los paraliza. Si hay exageración en la idea de pérdida, ésta puede hacerse obsesionante e impedirnos atender a otras cosas, sobre todo cuando se le junta la emoción de temor o de disgusto.

Esos efectos se extienden también a la vida espiritual y social. Servir a Dios con tristeza cuando nos está colmando de beneficios, es deshonrarle y disgustarle. Pronto sobrevendrá el tedio y la tibieza. La virtud se hará intolerable y se buscará tal vez en la lujuria una ilusoria y dañosa compensación. Al prójimo le disgustan también nuestros ojos tristes, pues le lanzan rayos de tristeza e indican que no nos agrada ni le agradamos.

Predisposición orgánica

La causa orgánica de esta emoción, o mejor, la predisposición temperamental a tener pensamientos y sentimientos tristes puede provenir de un malestar general, o de enfermedad, sobre todo del estómago o del hígado; de la fatiga prolongada y del cansancio crónico de muchos ancianos.

Predisposición psíquica

1ª *Perfeccionismo*. Cuando fomentamos un ideal utópico por encima de nuestras posibilidades o esperamos demasiado de nosotros o de los demás, o exigimos para estar contentos más de lo debido en atenciones, comodidades, diversiones, éxitos, etc. Entonces la idea de frustración, por no conseguir lo que tanto ansiamos, nos estará siempre lacerando. Remediémoslo aceptando nuestras limitaciones y no pretendiendo ni esperando tanto agradecimiento o tantas atenciones de los demás ni tantos éxitos de nosotros, no exigiendo tanto para nuestro contento.

2ª *Negativismo*. Cuando desde niños nos recalcaron demasiado lo malo en nosotros y en los demás y no aprendimos a descubrir lo bueno; o cuando nosotros mismos, a fuerza de recordar adversidades y defectos y por olvidar triunfos y alegrías hemos desarrollado una actitud negativa y pesimista; entonces, a menos de fomentar la tendencia positiva y optimista, la idea de pérdida o de fracaso nos abatirá y amargará.

Ante una rosa, el pesimista exclama: "Lástima que tenga espinas"; el optimista, por el contrario, al ver las espinas dice jubiloso: "Qué espinas tan admirables que nos traen y protegen una flor tan bella". El pesimista se entristece al pensar que hay dos noches entre un día y el optimista se alegra al esperar dos días entre una noche.

3ª *Egoísmo histérico.* Cuando queremos aparecer como víctimas para que otros se compadezcan de nosotros o hablamos y exageramos nuestros males y nuestras tristezas "por postín" para atraer la atención de los demás sobre nosotros.

4ª *Predisposición a la tristeza.* El hambre de aprecio no satisfecha. Cuando en la infancia, sentimos el ansia y el derecho al cariño y nos parece que no se nos da, o cuando nos creemos frustrados o fracasados en el amor, ese vacío afectivo puede continuar el resto de la vida y puede llevarnos fácilmente a la tristeza. Un misionero de Extremo Oriente experimentaba con frecuencia un sentimiento de frustración a pesar de su sacrificio y generosidad por Dios y por los prójimos y se sentía tan triste que llegó a dudar si tendría verdadera vocación. Le pregunté: "¿Ha sentido cariño en su infancia?" Bajó los ojos y me contestó: "No conocí a mi madre y mi padre nunca nos mostró cariño". Al insinuarle entonces que ese vacío afectivo podría explicar el que ahora sentía, sin que esto indicase falta de vocación, experimentó gran alivio y aliento, y se propuso llenar ese vacío procurando sentir más el infinito cariño de Dios hacia él y el suyo propio hacia Dios, y tratando de expresarlo con más desinterés hacia los prójimos con quienes se quiso Cristo identificar.

El hambre de aprecio puede venir por vía opuesta: cuando de niños recibimos tantos mimos que llegaron a formar una como segunda naturaleza. Al faltarnos después ese excesivo cariño, como ha de suceder normalmente, nos parece que carecemos de algo esencial y sentimos tristeza.

Pero si nos convencemos que esa necesidad de cariño no es natural ni normal, sino exagerada; y si en consecuencia decidimos no quererla, quedamos pronto normalizados.

En una capital centroamericana el mejor doctor en su especialidad, sentía frustración en su matrimonio, porque "su esposa no le daba lo que él esperaba". Sabedor de que era tenida como modelo de esposas, la visité y me convencí que así era. Pero me enteré de antecedentes del Doctor: era hijo único de madre viuda, y ésta se había volcado en atenciones y mimos sobre él. Este joven fue al matrimonio con el deseo inconsciente de encontrar en su esposa otra mamá, que continuase mimándole. Cuando en la siguiente entrevista, sugerí al Doctor que esos mimos exagerados tal vez habrían producido en él una necesidad artificial inconsciente de ese cariño, tras unos minutos de reflexión, me dijo: "Creo que tiene Ud. razón; que tengo esa necesidad artificial; que ya no necesito tantas atenciones". Luego con gran energía continuó: "Yo no necesito tanto cariño... pues no lo quiero". Y con este acto de voluntad tan enérgico, quedó normalizado.

5ª Pero lo que más predispone a la tristeza es el *horror al sufrimiento*, la no aceptación del dolor físico o moral, el no ver en él sino un mal, sin advertir en el bien que nos trae, el tomar por lo trágico la mínima dificultad, y con esto la excesiva previsión de sufrimientos futuros, de fracasos inminentes, de muerte dolorosa.

Recordemos, en cambio, que los acontecimientos ni son tan malos como habíamos temido ni tan buenos como soñamos. ¡Cuántas equivocaciones suele haber en nuestras previsiones! Al fin de la vida sufriremos muchos males que nunca tuvimos. "Bástale a cada día su trabajo", dice Jesucristo. No hay que adelantarse a la Providencia que sabemos no permitirá más sufrimientos que los que nos convienen y nos ayudará a sobrellevarlos.

En cuanto a la muerte dolorosa que a muchos predispone a la tristeza, recordemos lo que nos dicen los doctores y la experiencia: que la muerte viene o por parálisis cerebral y entonces no se sufre porque la sensibilidad quedó anulada, o viene por parálisis del corazón o pulmones y entonces también se produce embotamiento por la acumulación del ácido carbónico y consiguientemente tampoco hay sufrimiento físico. Y el sufrimiento moral lo apartará la Bondad Divina de aquellos que le sirvieron con buena voluntad.

Causa inmediata

La causa inmediata verdadera de la emoción de la tristeza será siempre, como indicamos al principio, el pensamiento o idea de fracaso, frustración, carencia, pérdida o mal presente, que puede estar claramente en nuestra mente o confusamente en nuestra subconsciencia. Y será tanto más desgarradora cuanto la pérdida nos parezca ser mayor o total y su remedio más alejado.

Tratemos primero de la tristeza circunstancial, es decir, ocasionada por las circunstancias de nuestra vida; y luego de la tristeza existencial.

Remedios: 1º Por "Pérdida circunstancial"

Concretemos, analicemos, corrijamos y dominemos las ideas que nos causan tristeza en circunstancias comunes de la vida: a) ante un fracaso o decepción; b) ante la impotencia o enfermedad; c) ante la muerte de seres queridos; d) y en general ante el dolor o la tribulación: lo que llamaríamos tristeza circunstancial. Y mencionemos también la tristeza existencial.

a) El *fracaso* en una carrera o negocio, el quedar malparados en una actuación pública produce tristeza por este pensamiento: "Perdí tiempo, honra, dinero". Seríamos felices si le pudiéramos oponer con verdadero fundamento este otro: "Perdí un centavito, pero gané una millonada". Y esto es verdad consoladora siempre que procedamos con buena intención. Si siendo amigo de Dios por la gracia, procediste con buena voluntad, tu Padre Celestial te firma para el cielo un cheque de gloria y de satisfacción eterna. Ganaste, pues, el millón. Perdiste las criaturas, centavitos de poco valor, granitos insignificantes de arena comparados con el Infinito. El que gana un millón y pierde el centavo, ¿podrá estar triste?

La decepción es a veces puramente subjetiva como cuando esperamos más de lo razonable. Según esto, el medio de asegurar la alegría, por ejemplo cuando hacemos beneficios, consistirá en no buscar agradecimiento humano, ya que éste muchas veces faltará sobre todo en los beneficios generales. Hagámoslo por dar gusto a Dios, que recibe como hecho a Sí lo que por el prójimo hacemos y que promete pagárnoslo con un "reino eterno".

b) La *impotencia* y la enfermedad nos contristan por la idea de que "somos cargosos, no producimos, sufrimos". Los ancianos inválidos suelen sentir esto tanto más cuanto más activos fueron de jóvenes. ¡Si lograsen comprender que para la actuación que repercute en la eternidad somos más eficientes por la paciencia y por la oración que por toda nuestra iniciativa y actividad humana!

Expliqué esto a los ancianos de un asilo, pidiéndoles en particular que fuesen misioneros por la paciencia, y completasen así lo que "falta a la pasión de Cristo en su Cuerpo Místico", lo que casi nadie da a nuestro Señor. En concreto, les pedía que aceptasen la aparente nulidad de su personalidad. Así le iban a ayudar muy eficazmente a salvar el mundo. Los días siguientes, las Hermanitas que los cuidaban, no salían de su asombro al ver la vitalidad que este pensamiento les había infundido.

Lo mismo sucedió con un niño de doce años, que llevaba varios meses en la cama de un hospital. Le pregunté: "¿No te gustaría ser misionero y llevar al cielo a muchos hijos de Dios que aún no lo conocen en China?"

— Pero, Padre, si no puedo levantarme ni casi moverme.

— Precisamente por eso. Si tú aceptas tus sufrimientos y los ofreces por esos que son también hermanos tuyos, los puedes salvar mejor que yo. Porque, mira: Jesucristo predicó e hizo muchos milagros, pero pocos se convirtieron. Sin embargo, cuando sufrió y murió, redimió al mundo entero.

Al oír esto se echó a llorar.

— "¿Por qué lloras?"

— "Porque he perdido un año de sufrimiento. ¿Por qué no me han dicho esto un año antes?"

Pero ya no lloró más. En adelante, cuanto más sufría más se alegraba, pues salvaba hijos de Dios.

c) La misma *muerte* no debe quitar la alegría a una familia cristiana. Si nos entristece la defunción de un ser querido, suele ser porque mirando a él, nos imaginamos, como los paganos, que al morir lo perdió todo, o porque al mirarnos a nosotros mismos le echamos de menos, "le perdimos", como se repite erróneamente.

Si, por el contrario, actuamos nuestra fe y nos convencemos de la dicha de los que mueren en el Señor y de la ayuda que junto a Él nos pueden prestar, sentiremos consuelo y alegría. (Gráfico página 104).

d) El *mal presente*, concretado en la palabra dolor, no nos entristecerá considerado a la luz de la fe, v. gr.: sufrir nos asemeja a Dios, que también sufrió en esta vida. Completemos con nuestro dolor lo que falta a la Pasión del Cristo Místico.

Si se nos permite comparar lo humano con lo divino, la tribulación sería un cheque del Banco del Cielo que dice así: "la Justicia y Bondad Infinita pagará en el cielo con gloria y satisfacción sobrehumana y eterna al que estando en gracia aceptó un sufrimiento leve y pasajero". La firma divina se estampa en el cheque sólo cuando aceptamos el dolor. ¡Qué dicha, pues, atesorar cada día cheques para la eternidad! ¡Qué felicidad sufrir ligeramente por un instante para gozar infinito por siempre!

Hay que saber apreciar el sufrimiento. "Hay que tratar bien las espinas porque más sufre el que las pisa, como dice Gar-Mar, que el que las besa. Bajo los pies atormentan; en la conciencia matan; en el corazón vivifican. Bajo los pies no dejan andar; en la conciencia no dejan vivir; en el corazón hacen volar. Ese poder les dio el Corazón de Cristo".

En el capítulo siguiente, más remedios y pensamientos para cambiar el dolor en alegría.

2° Por "Pérdida total"

Por fortuna, en esta vida nunca es total nuestra pérdida, pues tenemos tesoros humanos y divinos de que alegrarnos. Pongamos en ellos nítidamente nuestra atención. Conocimiento y recuerdo claro de tanto tesoro humano y de tanto beneficio divino. Conocimiento y pensamiento alegre del tesoro inagotable que nos ofrece el mundo de los colores, formas y objetos y el mundo variadísimo de los sonidos. Los artistas los suelen vislumbrar y saborear.

Tengamos conciencia y alegrémonos de la perfectísima cámara fotográfica y proyectora que poseemos en nuestros ojos: automáticamente enfocan, captan y proyectan al cerebro escenas de pleno colorido, en movimiento y en tres dimensiones. De la maravilla del piano interno de nuestros oídos que reciben fidelísimamente miles de notas y también las trasmiten al cerebro. De las grúas de complicados y variadísimos movimientos que son nuestras manos, brazos y piernas; y en fin, todos nuestros órganos. Sobre todo apreciemos nuestra memoria, biblioteca que archiva ordenadamente miles de experiencias útiles, nuestro entendimiento que descubre continuamente más y más realidades y que podrá entender la Realidad Infinita, nuestra voluntad capaz de unirnos al Bien Increado, al Amor Infinito.

Conocimiento de los bienes que tenemos en la familia, en la sociedad civil, en la Iglesia con todos sus medios sobrenaturales para llevarnos al cielo. Pensamiento feliz por la certeza en la fe y en la razón, de que Dios existe y es nuestro Padre, está con nosotros, nos cuida y gobierna todos los acontecimientos para nuestro bien.

Pensamiento tranquilizador cuando la esperanza en las promesas divinas nos da un gusto anticipado del cielo. "Alegraos, dice Cristo, porque es muy grande vuestra recompensa". Pensamiento embriagador de gozo y satisfacción cumplida en la caridad de Dios con nosotros y en nuestro amor sincero hacia Él.

3° Cambiar las actitudes y hábitos negativos

Que traerán pensamientos tristes y deprimentes poniendo en su lugar los positivos y alegres. Acostumbrémonos a sacar de la vida ordinaria todo lo que pueda aumentar nuestra alegría, descanso y satisfacción legítima y cuanto pueda llenarnos de pensamientos optimistas, y evitemos lo que nos puede traer desilusión, envidia, desaliento. Para esto:

a) Llevemos una vida más sencilla, con menos exigencias para la comida, descanso, diversión, viajes, etcétera. Saber encontrar satisfacción en una modesta medianía, es secreto de dicha y ecuanimidad. ¡Cuántos millonarios acosados por preocupaciones, úlceras e insomnios han añorado los días de su juventud laboriosa en que una comida vulgar les daba plena satisfacción, una cama dura perfecto reposo, y, un sencillo juego en el campo completa diversión!

b) Hagamos que nos guste el trabajo. Si no, una emoción negativa de impaciencia o disgusto se reproducirá continuamente en nosotros. Que nos guste hacer algo bien hecho; algo de utilidad para los demás; algo que nos valga para la eternidad. Así no hay tiempo para aburrirse. La vida ociosa, que requiere continuas y costosas diversiones, si llega a satisfacer al niño, no puede llenar al adulto, quien necesita tener la convicción de que ocupa útilmente su tiempo.

c) Una vida de contento, de satisfacción de emociones positivas continuadas. Claro que habrá interrupciones de esta satisfacción ante la evidente negligencia, incompetencia o mala voluntad. Pero aun éstas tendrán excusas o atenuantes, y si miramos lo que la paciencia nos produce para el cielo, hasta podrán traernos alegría. No nos lamentemos de lo inevitable, del mal tiempo, etc. Ni pretendamos lo imposible. Por el contrario, encontremos en lo que nos rodea motivos de alegría y satisfacción: el azul de los cielos, los colores del campo, las costumbres de aves e insectos, la variedad y hermosura de las flores, de las plantas, de los sonidos. El techo que nos protege, los corazones que nos aman, la sociedad que nos ayuda, Dios que vela por nosotros y nos prepara con infinito amor una felicidad más que humana. Veamos lo bueno de todos y encontremos placer en ayudar y cooperar. Digamos siempre la palabra agradable, caritativa, la que pueda alegrar a los demás, la que nos aliente y tranquilice a nosotros mismos. Un "gracias" al portero, al ascensorista o taxista nada cuesta, pero puede endulzar una vida amargada.

Un señor de La Habana me vino a pedir remedio en su "gran desdicha": "la de tener una esposa con un defecto que la hacía antipática". Ese defecto era temperamental, sin casi responsabilidad en ella. Le supliqué que volviese a los dos días y entretanto pensase y escribiese las buenas cualidades de su señora. Al volver me dio las gracias. Se sentía curado. Había comprendido que tenía un diamante precioso con veinte facetas brillantes y con sólo una empañada.

4º Expresión de alegría: sonrisa

Cuando por la permanencia de pensamientos y actitudes negativas se ha grabado en nosotros el sentimiento o la tendencia a la tristeza, hay que tratar de poner en la subsconsciencia el sentimiento contrario: ante todo por medio de pensamientos y conversaciones alegres, pero sobre todo por la expresión de satisfacción, por la sonrisa. Hay que expresar esta satisfacción y alegría en todo nuestro ser: risa franca, sonrisa en los ojos, tono de contento, respiración desahogada. Hay que saber sonreír alegremente en la prosperidad y valientemente en el dolor.

a) Sonreiremos en la prosperidad cuando todo va viento en popa, cuando captamos lo mucho bueno que hay en el mundo, lo mucho bueno que tenemos y que tienen los demás y lo muchísimo que nos quiere dar Dios. Esta expresión de satisfacción tonifica el organismo, acelera los cambios nutritivos, afloja las tensiones, plancha las arrugas. Con la alegría, el entendimiento se hace más lúcido, más claro el pensamiento, más viva la imaginación, el alma más serena, la voluntad más fuerte. La sonrisa alegra y atrae al prójimo, glorifica a Dios, facilita la virtud, suaviza el sacrificio. La expresión externa de la alegría hace qué sea más intensa y sentida la que tenemos. Quien al entrar en la iglesia o al empezar a orar lo hace con alegría externa aumentará su concentración y conseguirá más dones y consuelos de Dios.

b) Hay que sonreír también valientemente en el dolor. Cuando suframos tengamos más alegría, como organista que se sobrepone al ruido pulsando con más vigor las teclas. Sonreír, como dice el P. Foch, para convencernos a nosotros mismos de que las pequeñas desgracias e indisposiciones que nos iban a impresionar son insignificantes, y para acelerar la reacción positiva contra los primeros movimientos de impaciencia o disgusto. Sonreír luego para impedir la primera brecha deprimente o su progreso. Reír y cantar para exigirnos el esfuerzo de hacer "como si estuviésemos contentos" porque queremos ser siempre alegres y no hay razón seria que nos lo impida, ya que lo único que importa, que es hacer la voluntad de Dios, está siempre en nuestra mano.

En Recife (Brasil), me suplicaron visitase a una señora que hacía seis meses no salía de su casa ni cesaba de llorar y lamentarse por la muerte de su hijo. Había perdido el sueño y el apetito y parecía abocada a la ruina moral y fisiológica, a pesar de las recetas de los facultativos. Al llegar, me dice: "Soy tan desgraciada, hace seis meses perdí a mi hijo". Como era cristiana y su hijo había muerto como buen cristiano, le dije: "Señora, retire esa palabra. Hace seis meses ganó usted a su hijo". Y se lo expliqué gráficamente para impresionar su imaginación: "Iba usted en una barquita cruzando el mar tempestuoso de esta vida, y su hijo en otra. De repente "un viento y mano amiga empujó la navecilla de su hijo al puerto seguro de salvación mientras usted sigue aún en las zozobras de esta vida. ¿No es verdad que hace seis meses ganó usted a su hijo?" Ella aceptaba la explicación pero sólo con el entendimiento. Había que llegar al sentimiento para curarla. Y así le dije: "Señora, repita usted conmigo y con el tono que voy a darle a mi voz, este pensamiento: Soy feliz, hace seis meses gané a mi hijo". Le costó mucho repetir esta frase y, sobre todo, dar el tono de satisfacción con que yo la pronunciaba; pero al comprender tras mi explicación que este tono produciría el sentimiento de alegría que ella necesitaba, la repitió con tal fuerza que se sintió inmediatamente transformada.

Tristeza y angustia existencial

A veces la tristeza y el temor pueden tener raíces más profundas y trascendentales. La idea vaga de pérdida o de peligro aparece como vital y superior a lo terreno y pasajero.

Suele darse en personas sin suficiente fe o práctica religiosa. Su tendencia innata hacia Dios y hacia una felicidad verdadera y sin fin, se ve reprimida o frustrada. Puede entonces causar esos sentimientos penosos y puede llevarnos a la neurosis. Según el Dr. Viktor Frankl una tercera parte de las neurosis en los hombres de Europa Central tendría esta causa. El remedio consistirá en dejar que esas tendencias trascendentales se explayen por un conocimiento más perfecto y sentido del Dios personal que es nuestro Padre y que gobierna el Universo para nuestro bien, y por una realización más perfecta del fin para el que estamos en este mundo, que es amar y servir a este Padre Amor Infinito, para después glorificarle y participar de su felicidad divina en el cielo.

Apartemos, pues, cuanto antes todo pensamiento o recuerdo triste y pensemos habitualmente en los tesoros naturales o sobrenaturales, presentes o futuros, que tenemos. Las siguientes sentencias, bien meditadas, nos ayudarán a hacerlo.

Todo va bien. En todas partes, delante y detrás de cada acontecimiento, está Dios, padre amoroso.

No puedo estar triste puesto que Dios infinito me ama, me quiere feliz.

El sufrimiento es un cheque del cielo que alegrará lo más noble de mi ser.

Valemos de acuerdo con nuestro poder de redención; el tamaño de la cruz da la medida de nuestra grandeza.

Mi vida será utilísima, pues con la oración y el sufrimiento puedo salvar muchas almas.

¡Soy feliz! En cada momento puedo dar a Dios el mayor gusto posible haciendo lo que Él quiere y queriendo lo que Él hace.

¡Mi felicidad es inmensa! Un Dios de amor mora en mi alma por la gracia.

Un gran pintor, que irradiaba alegría y gusto estético, decía: "Cada aurora me produce un sobresalto de gozo; cada puesta de sol, nuevo deleite, y al acostarme, mi querido Padre del cielo me estrecha en sus brazos y me susurra y adormece".

El mejor remedio a la tristeza será aprender a ser feliz, como explicaremos en el capítulo siguiente, donde recogiendo ideas dispersas de los capítulos anteriores, trataremos de completarlas y darles mayor unidad.

XVI

Saber ser feliz

"La felicidad no se da ni se encuentra, se hace".

No depende la dicha de lo que nos falta, sino del esmerado cultivo y buena administración de lo que tenemos, ni se debe a los acontecimientos, sino a la manera como los encaramos. No está lejos de nosotros, sino que brota de lo más íntimo de nuestro ser. "Es la conciencia de un bien, y cuanto mayor y más duradero sea éste, mayor será la felicidad". Quien busca la dicha fuera de sí es como un caracol en busca de casa.

No necesitamos recorrer muchas tierras o emprender arduos negocios para conseguirla; basta seguir nuestro camino, el camino del deber y del amor, y si sabemos controlar nuestros pensamientos, podremos extraer la flor de la alegría aun entre las espinas de la tribulación.

Todos procuramos la felicidad, Dios quiere que seamos felices. Lo repite mil veces en la Escritura y en la Liturgia: "Os dejo mi paz". "Mi alegría nadie os la quitará". "Alegraos siempre en el Señor". "Aleluya". Es pues, posible la alegría en todas las circunstancias de la vida.

Sin embargo, muchos no la encuentran porque:

1° Van a buscarla donde no está: en el capricho egoísta y en el vicio, en el placer ilícito. Como al volver dentro de sí mismos hallan el corazón vacío, sienten tedio, disgusto, tristeza, que procuran olvidar por medio de diversiones, cines, fiestas, novelas, etc. Pero no quitan la causa de la infelicidad ni dan al corazón la satisfacción del amor desinteresado ni del deber cumplido. Se contentan con encubrir el vacío de felicidad, pero no lo llenan.

La alegría, dice Aristóteles, es el "acompañamiento del acto perfecto"; ahora bien, un acto contra la conciencia, contra el deber, es un acto esencialmente viciado e imperfecto; sólo producirá, pues, aun después de un momentáneo deleite, una tristeza profunda y duradera.

Hermann Cohen, judío convertido, escribe: "Busqué la felicidad en todas partes; en los bailes, en los festines en las riquezas, en la gloria, en los placeres y diversiones, y no la encontré. Solamente di con ella en la Religión y en el retiro del claustro, y ahora la poseo y sobreabundo de satisfacción".

2° Aun los que procuran la dicha allí donde está, a veces no la hallan; pues tropiezan con el dolor, el enemigo "n°1" de la felicidad, y si no saben superarlo ni controlarse, como explicamos en los capítulos pasados, se ahogarán en un mar de tristezas.

Sin embargo, el sufrimiento no debe impedir nuestra alegría.

La abeja saca miel de las flores, y el alma puede sacar miel de las espinas. Pero esta fabricación está patentada (en el cristianismo). Gar-Mar, S.I.

El dolor, el sufrimiento, puede ser objetivo, por ejemplo: enfermedad, pobreza, fracasos que Dios quiere positivamente que suframos y puede ser subjetivo: los efectos que el primero produce en nosotros y que no dominamos: tristezas, preocupaciones, temores, etc., que Dios solamente permite, pero quiere positivamente que los dominemos.

Felicidad negativa

Seremos, pues, felices negativamente:

1) Controlando los efectos del dolor objetivo hasta convertirlo en aceptación o alegría. ¿Cómo? Apartando nuestra mirada de

su aspecto desagradable, de la cara fea del dolor, y concentrándola en su cara bonita (psíquicamente adquiriremos este poder por la reeducación de la concentración. Véase la primera parte, cap. IV).

El dolor, en efecto, tiene dos aspectos:

Aspecto desagradable: que contradice a nuestras tendencias, a la sensualidad, a las inclinaciones naturales, a la soberbia, a la voluntad propia. No debemos fijarnos en este aspecto desagradable.

Aspecto agradable. En el orden natural: el dolor podría ser agradable porque trae aumento de experiencia, de fuerza, de consejo y de paciencia. Pero es poco consolador a veces este aspecto sólo natural. De ahí la dificultad para consolar a los incrédulos. Cuando en China tenía que consolar a los paganos, casi siempre fracasaba. En cambio, ¡qué fácilmente lo hacía con los cristianos!

Considerado en el orden sobrenatural el sufrimiento es sobremanera atractivo: desde el momento en que Dios lo escogió para salvarnos y para mostrarnos en su Hijo, hecho hombre, su amor a nosotros y al Padre. Es la perla preciosa que no existía en el Cielo y que Dios vino a buscar a la tierra para adornarse con ella. Es la librea de Jesucristo. Es un cheque que nos ofrece Dios. Si lo aceptamos, Dios lo firma y la felicidad del cielo será proporcionada a su valor. Es el secreto tesoro de la Cruz, manifestado a los santos y, fruto de la meditación afectiva sobre Cristo Amor Infinito no amado.

Sobrenaturalmente podemos, pues, alcanzar esta inclinación al dolor y alegrarnos con él: es el cristianismo integral, el ápice de la virtud, la grandeza de los santos, cuya alegría ningún acontecimiento humano perturbaría.

San Pablo decía: "Estoy rebosando de alegría en todas mis tribulaciones". San Pedro recomendaba: "Llenaos de alegría en vuestros sufrimientos". Los Apóstoles "salían alegres del tribunal, por haber sido dignos de sufrir afrentas y dolor por Jesucristo".

San Ignacio de Loyola alcanzó completo dominio sobre sus sentimientos. Prohíbele el médico que piense en cosas tristes. Él se examina: "Lo más triste sería la destrucción de la Compañía de Jesús, como la sal en el agua". Sin embargo, quince minutos de oración le serenarían.

San Francisco Javier, en las Islas Molucas, donde tanto sufrió, tuvo tales consuelos que exclamaba: "¡Basta, Señor, que voy a morir de alegría!"

Santa Teresa repetía: "O padecer o morir"; y santa Magdalena de Pazzi: "No morir, sino sufrir".

De hecho, en las misiones, el mayor consuelo del misionero después de un día de sufrimientos es repetir ante el Sagrario: "Por Vos, Señor".

2) *Superar el dolor subjetivo.* Ante una desgracia presente o inminente, cualquier persona normal siente abatimiento, preocupaciones, etc., pero considerando su aspecto atractivo, en seguida los domina, le duran poco tiempo los pensamientos tristes. Sin embargo, en los enfermos o psicasténicos se repiten y se graban de modo obsesionante hasta producir tristezas, fobias o escrúpulos persistentes que les quitan la paz y alegría. Son cruces que Dios permite, pero que quiere que nos esforcemos por dominarlas. Es preciso, por tanto, luchar y superarlas. Y mientras no lo logremos, aceptarlas con amor y unirlas a la tristeza y pavor de Cristo en su pasión.

Además de los seis medios para controlar nuestra afectividad expuestos en el cap. VII:

1) Si llegó a formarse una llaga, un conflicto interno, practicar la "catarsis" o *desahogo afectivo*, descubriendo lo antes posible al director psíquico o al confesor: los actos morales que pesan sobre la conciencia, las dudas o indecisiones angustiosas, los temores y tristezas que nos dominan, puesto que esta manifestación y la solución psíquica o sobrenatural que la seguirá, resolverán el conflicto o llaga interna.

2) *Vivir en el presente*, que es fuente de alegría. Goces hay que anhelan ser nuestros: la creación externa, la belleza moral. Franqueémosles la puerta, atendiendo al "presente". No pensemos en el

pasado triste que ya huyó de nuestras manos, dejémoslo a la misericordia de Dios; ni en el futuro angustioso e incierto, abandonémoslo a su Providencia.

Vida consciente: "Age quod agis". Al obrar conscientemente, el temor, la angustia, la tristeza, no podrán atormentarnos. Así disminuiremos y aun llegaremos a suprimir el influjo del inconsciente descontrolado. Lo aprendimos en el capítulo III, "Receptividad".

3) *Concentraciones voluntarias*. Pueden ser estas concentraciones indiferentes con relación a las que nos quiere imponer el inconsciente, por ejemplo: en vez de la tristeza o preocupación que nos asedia, nos concentramos en un estudio u ocupación que nos gusta. Pero mejor, que sean opuestas, v. gr.: contra el temor o turbación, concentrarnos en las imágenes vivas de paz, de dominio de energía (véase cap. VII).

Es preciso contraatacar al enemigo para llegar así hasta sus reductos en el subconsciente.

Cultivemos el hábito de la alegría: semeja intrincada selva nuestro psiquismo y los pensamientos y actos son obreros que en ella trazan un camino. Cuando uno ha pasado por ahí ya le es más fácil pasar otra vez. Así, pues, quien desee conquistar las cumbres de la alegría, que lance pensamientos alegres para abrir la senda; que los repita y los refuerce con actos de satisfacción y optimismo hasta ensancharla y afirmarla con el hábito; y luego casi sin darse cuenta, estará siempre alegre (cap. IV, "Emisividad").

4) *Actos volitivos*: querer el sentimiento contrario, v. gr.: estar animado, tranquilo, amable, alegre; o mejor querer los medios para conseguirlo, es decir: pensar, hablar y obrar "como si" no sintiese ese afecto desagradable, v. gr.: de antipatía, de miedo, etc., o mejor aún, "como si" estuviese animado, alegre (cap. V, "Voluntad").

5) *Sugestión*: por la noche, antes de caer bajo el imperio del inconsciente, y por la mañana al salir de sus dominios, pensar con afecto en esas imágenes de paz, de dominio de alegría y repetir: "Cada día y en todo voy mejorando". "Cada día soy más feliz", etc.

6) *Moderar los deseos y aspiraciones en los límites de lo razonable.* No pretender, ni para el cuerpo, ni para el alma, ni para los demás, mayor

seguridad, salud o prosperidad de la que Dios quiere en este mundo. Así disminuirá o acabará el escrúpulo y la angustia. Un gran obstáculo a la dicha es esperar en este mundo una dicha demasiado grande.

7) *Superar esa afectividad negativa y deprimente* con otra positiva, sublime y ennoblecedora, con el amor a un ideal, a Dios, a las almas, al cielo. El amor propio, mezquino, bajo y desordenado, por el verdadero amor a sí mismo y a sus bienes espirituales y eternos.

Ante esta realidad sublime caen por tierra todos los temores tristezas y fobias. La felicidad en esta vida no está divorciada del sacrificio; nuestra satisfacción crece a medida que hacemos felices a los que nos rodean y buscamos la mayor gloria de Dios y en proporción a lo que por eso nos sacrificamos.

FELICIDAD POSITIVA

Hagámonos dichosos con una felicidad y alegría no vana sino interior, verdadera y fundamental, que llene el corazón de paz y satisfacción.

A) Esta dicha tiene cuatro facetas; nos viene por otras tantas vías:

La *estética*, que nos permite recibir la belleza por la sensación consciente y sublime (cap. III).

La *intelectiva*, cuando poseemos la verdad por la certeza, mediante la concentración intelectual, y la perfeccionamos por el análisis y la síntesis (cap. IV).

La *volitiva*, o el poder producir mediante el ejercicio de una voluntad firme y constante, lo que ha de ser apreciado y ha de causar satisfacción, es decir, el poder realizar un ideal. Pero no olvidemos que la felicidad consiste no tanto en realizar nuestro ideal cuanto en idealizar nuestra realidad (cap. V).

Y finalmente la *afectiva* al sentir la bondad propia irradiando en los demás y la bondad ajena volcándose en nosotros mediante la elevación y ecuanimidad de nuestros sentimientos (cap. VI).

Doble es el capital humano: nuestras facultades y el tiempo para hacerlas producir. Así como el que ve disminuir cada día su capital sin que le produzca réditos no puede tener verdadera satisfacción, así tampoco quien siente pasar el tiempo en diversiones u ocupaciones inútiles sin aprovecharlo y sin perfeccionarse.

Nuestra conducta nos ha de hacer sentir que cada momento que pasa, no solamente no es perdido o menos aprovechado sino que es fuente de bienestar propio y ajeno y semilla fecunda de vida inmortal y feliz en el cielo.

B) Esta satisfacción y hartura es fruto de "una vida" en sus funciones más nobles intelectivas y volitivas con la característica de unidad y plenitud.

¿No es grande el placer intelectual del sabio que hace un descubrimiento? ¿La felicidad de la madre que siempre está amando y mostrando ese amor a su hijo, aun con trabajos y sufrimientos? Si aquel placer del sabio no fuese turbado por otras ideas y distracciones, y se prolongase con nuevos y más brillantes inventos, y si el de la madre tuviese por objeto, no un hijo mortal y con imperfecciones, sino tal que nunca se apartase de ella y adornado de todas las cualidades, entonces tendríamos la verdadera felicidad psíquica, ante la cual palidece toda la felicidad corporal, baja y pasajera.

Podríamos sintetizarla con estas palabras: unidad y plenitud de vida intelectual y afectiva.

Apliquemos nuestros sentidos a percibir y barruntar, tras los espejitos divinos, que son las criaturas, la Belleza Increada, y gozaremos, como san Ignacio de Loyola, cuando, ya anciano, al ver una flor, se detenía a acariciarla con el bastón, diciéndole entre lágrimas de consuelo: "Calla, calla, que ya te entiendo", y quedaba absorto en la contemplación y fruición de la Belleza Divina, de la cual la flor era pálido reflejo.

Empleemos nuestro entendimiento en conocer, no una partecita de la verdad, sino toda la verdad, la verdad infinita, la verdad en sí, Dios, y cada día encontraremos horizontes nuevos sin agotar jamás esta fuente infinita de verdad y de belleza. He ahí el gozo de las personas espirituales al recibir en la oración esas luces sobrenaturales que llamamos consolaciones divinas, que sobrepujan a toda la felicidad del mundo, y no pueden ser imaginadas por quienes no las experimentaron. Es lo que hacía a un san Francisco de Asís quejarse del sol porque amanecía tan temprano, quitándole las delicias de una noche de contemplación y unión con su Dios.

Dediquemos nuestra voluntad y afecto a amar al bien infinitamente amable, la Bondad suma, Dios. Esforcémonos por sentirle, no lejos de nosotros en el cielo, sino junto a nosotros en todas las cosas creadas, con las cuales nos sirve y regala. Tratemos de poseerle en la Eucaristía, hombre como nosotros, y de gozarle con santa intimidad, presente dentro de nosotros por la gracia.

En un Congreso de la Juventud de Acción Católica de Buenos Aires, un joven abogado, hablando ante colegas, decía: "Antes, al orar, yo miraba al cielo; pero desde que sentí a Dios dentro de mí, miro hacia mí, y siento tanta alegría...", y le saltaban las lágrimas, que se juntaban a las de los oyentes. Era feliz al amar y sentir dentro de sí a Dios.

Por eso los grandes místicos que sintieron a Dios en este mundo dicen tantas maravillas de esta felicidad desconocida.

San Juan de la Cruz afirma haberle confesado el demonio que, si fuera de cuerpo pasible y para ver a Dios tuviese que trepar por un poste erizado de espinas y cuchillos, no dudaría en hacerlo durante diez mil años a trueque de gozar por un minuto de la vista de Dios.

Pensamientos para cambiar el dolor en alegría

"Sólo con duro cincel haces del jade una joya. Sólo la adversidad al buen hombre perfecciona" (proverbio chino).

"Pasa el vendaval por las eras, y levanta torbellinos de polvo; pasa por los huertos floridos y se lleva una nube de perfume". Tal hace la tribulación en las diversas almas.

El Corazón Divino, de felicidad infinita, está "cercado de zarzas". Si sientes en tu pecho rozamiento de espinas, señal de que Dios te está estrechando contra su corazón: ¡señal de que, te abraza la Felicidad infinita! Pero no entrará en ti sino a través de tus llagas.

"Un rastro de sangre dejó Dios a su paso por la tierra; ahora es inconfundible la senda de la gloria, el camino de la felicidad permanente". *Gar-Mar, S.I.*

Las almas se instruyen por la palabra, pero aprenden y se salvan por el sacrificio. "La tribulación", dice san Juan Crisóstomo, "es la mayor escuela filosófica".

Contrato de trabajo con Dios es la aceptación del dolor. Me avengo a construir algo grande con Él: yo como obrero sin ver los planos; Dios como arquitecto con proyectos magníficos y sublimes.

"Nada grande se hace sin sufrimiento y humillación" —dice Newman—, "y todo es posible con estos medios".

Hay que ser amable con el sufrimiento: es un amigo abnegado y fiel que nos recuerda los verdaderos bienes.

Las heridas que en el alma abre el dolor son puertas francas por donde quiere entrar Dios.

Dios tiene un deseo inmenso de enriquecernos con sus dones sin medida. Pero nosotros se la ponemos al poner tasa a nuestra aceptación de inmolación por Él.

En tus horas más angustiosas piensa que el Artista Divino echa mano del cincel para hermosear su obra en ti y procura mantenerte en paz bajo la mano de quien te labra. Ten la certeza de que entonces el Señor ahonda y ensancha capacidades amplísimas en tu alma. *Isabel de la Stma. Trinidad*

PENSAMIENTOS SOBRE LA FELICIDAD Y ALEGRÍA

Cuando en el espejo terso y tranquilo de la conciencia brilla un rayo de sol, un bien poseído o inminente, su reflejo espontáneo es la alegría, la sonrisa. Si brilla el sol, el Bien Infinito, su refracción será la Felicidad.

La vida debe ser perpetua alegría. Alegría de vivir para Dios, alegría de servirle en los prójimos, alegría de salvarle almas, alegría austera del sufrimiento. Alegría viviendo el presente de valor eterno; alegría por el pasado entregado a la Misericordia divina, alegría por el futuro asegurado en su Providencia paternal. Alegría de trabajar, y si esto no podemos, alegría de orar, y si aun esto nos parece imposible, alegría por lo menos de sufrir en Cristo para salvar al mundo y ganar el Cielo.

El apóstol que junto con la doctrina y el ejemplo siembra sonrisas y las riega con oraciones y sacrificios, cosechará muchas almas.

"La alegría —dice san Pablo de la Cruz— es el sol de las almas; ilumina a quien la posee y reanima a cuantos reciben sus rayos".

Por caridad debemos hacernos felices, pues nuestra dicha es el primer paso, la más eficaz contribución a la felicidad de los demás. Los ojos que sonríen esparcen rayos de alegría mejor que los diamantes preciosos esparcen la luz del sol.

Con la alegría cumplirás mejor tus deberes y serán más ligeras tus cargas, será tu consuelo en la soledad, y tu mejor introductora en la sociedad. Serás más buscado, más creído y más apreciado.

El vicioso, degenerado y vil puede aparecer estrepitosa y vulgarmente chocarrero; pero casi nunca sinceramente alegre, pues casi nunca puede olvidar totalmente lo que pesa en su conciencia. La maldad es viento frío que hiela las sonrisas.

Lleva tu cruz cantando y no gimiendo. La sonrisa y optimismo son, inyecciones de vida para las células debilitadas; la tristeza y pesimismo inyectan toxinas y muerte. Lo que es el óxido para el hierro, son las tristezas y temores para nuestros organismos: los corroen.

La sonrisa franca y profunda es casi siempre indicio de un corazón noble y puro.

La virtud que sonríe es la más hermosa y con frecuencia también la más heroica.

"Procura, cuando caminas, coger la flor de las cosas; que es sabio arrancar las rosas sin clavarse las espinas".

SABER SER FELIZ

Dios nos quiere felices
- No en el vicio o solo en las diversiones.
- Sí en el deber y dentro de nosotros.

SABER SER FELIZ

Negativamente: superando el dolor

Dolor objetivo que Dios quiere, aceptémoslo

No mirar su cara fea
- Contrario a los deseos, sentimientos, instintos.

Mirar su cara bonita
- natural
  - da experiencia, fuerza, consejo.
- sobre-natural
  - Cruz de Cristo, su librea, perla.
  - Cheque del Cielo.
  - Ejemplo de los santos.

Dolor subjetivo tristeza, etc., que Dios solo permite **dominémoslo**
- 1º Por la catarsis, desahogo, confesión.
- 2º Vivir en el presente: placer estético.
- 3º Vida consciente: ¡fuera preocupaciones!
- 4º Concentraciones alegres: hábito de la alegría.
- 5º Voliciones y actos contrarios.
- 6º Sugestión de paz y alegría.
- 7º Moderar los deseos.
- 8º Arraigar afectividades sublimes.

Positivamente: Vida llena

intelectiva
- Gozo ilimitado con toda la verdad.
- Gozo del sabio con algo de verdad.

afectiva
- Felicidad de la madre amando al hijo.
- Felicidad suma amando y poseyendo toda la bondad.
- Ejemplos y sentencias.

XVII
ESCOGER UN IDEAL

*¡Vida grande! Es un gran sueño de juventud
realizado en la edad madura.*

Alfredo de Vigny

Un ideal resume los consejos de este libro.

Es el atajo seguro para conseguir lo que proponíamos en la segunda parte. Es medicina, fuerza, alegría, actividad, descanso, salud.

Es lo que hace a los genios, a los héroes, a los santos.

¿Qué es?

Distingamos el ideal objetivo, v. gr.: la ciencia, el arte, la santidad, el bien de la patria, etc., que puede ser el blanco de nuestras aspiraciones, y lo ideal, por ejemplo, en el hombre, en el militar, en el estudiante, etc., cuando, en nuestra mente, les quitamos todos los defectos y les adornamos de todas las cualidades posibles, sublimándolas hasta su más alta perfección. Esto sería el objeto de nuestros ideales.

El ideal subjetivo de que ahora tratamos es una tendencia, una inclinación, un deseo muy intenso y permanente hacia ese objeto.

Elementos del ideal

1) *Elemento cognoscitivo.* —Ante todo, como parece indicarlo su nombre, se requiere una idea grande (el ideal objetivo), idea concre-

ta y constante, un blanco, un fin, un gran bien nítida, clara y constantemente previsto. Es una idea fija, una atención permanente con todo el poder de concentración y de acción que esto implica.

"Teme al hombre de una sola idea", dice la sabiduría popular.

2) *Elemento afectivo* (es un requisito característico). Es una tendencia fija, instintiva, sensible y espiritual al mismo tiempo y sumamente intensa hacia ese bien que se presenta constantemente como llenando las aspiraciones de nuestro ser. Deseo que atrae a sí las inclinaciones afines y neutraliza las opuestas.

3) *Elemento volitivo y ejecutivo.* —Esa atención y sentimiento permanente es querido por la voluntad y con esto adquiere nueva fuerza y constancia, y se traduce en actos repetidos en busca de ese bien (consecuencia natural de la idea fija que lleva al acto, y de la tendencia constante a él).

IDEAL FALSO O PASIÓN DESENFRENADA

Es también un deseo, una tendencia en estado violento y constante, y por eso tiene tanta fuerza, pero es deseo de un mal, que se presenta, por supuesto, como un bien, v. gr: la pasión sexual, la pasión del juego, la de la bebida, la ambición, etc., buscan un bien: el placer, el bien momentáneo, físico, de una tendencia, de un sentido; esa idea fija, asociada a los recuerdos y sentimientos del placer ya experimentado, llena el campo de la conciencia y no deja reflexionar que aquel bien momentáneo, parcial, de una parte de nuestro ser, acarrea tal vez por la enfermedad, el mal duradero y general de nuestro cuerpo, o, si se trata de un placer prohibido, acarrea el mal moral, el mal del alma, el pecado y finalmente el mal físico, definitivo, del cuerpo y del alma en la eternidad desgraciada.

La pasión mala desune, desarmoniza al hombre, haciéndole buscar un bien parcial que no puede saciar su tendencia instintiva al bien total. Como consecuencia, causa dolor íntimo, sentimiento de tristeza, inquietud, descontrol psíquico. El YO no se siente seguro, no se encuentra en su camino.

Efectos del ideal

Por el contrario, el ideal noble da unidad, armonía, vigor y plenitud a nuestra vida, aumentando la perfección física y psíquica de nuestros actos. La unidad de pensamiento y de deseo acaba con las ideas parásitas, facilitando la concentración y dando al trabajo y al estudio su agrado y rendimiento máximo.

El monoideísmo, como decíamos en la primera parte, no fatiga, y, siendo agradable, ayuda a descansar. Por eso el ideal, que nos hace pensar constantemente en lo que mucho deseamos, es fuente de descanso y de alegría. De ahí que en el "surmenage" se procura encontrar las aficiones o ideales del paciente para ayudarle a descansar.

Para educarnos y perfeccionarnos, ¡qué fuerzas desarrolla el ideal! ¡A cuántos tímidos hizo héroes el ideal patriótico! El de la ciencia o de los descubrimientos, ¡qué constancia y agrado en superar dificultades no ha producido! El de la santidad o del sacerdocio y aun el de la familia cristiana, ¡a cuántos jóvenes conservó sin mancha entre los cenagales de la sensualidad!

El ideal de consolar a Jesucristo en sus miembros enfermos o inválidos, ¡qué holocaustos de abnegación no suscita y sostiene en asilos y hospitales! ¿Y el de conquistarle nuevos pueblos y naciones y salvarle almas..?

Saulo de Tarso y Francisco Javier son dos colosos de heroísmo y de grandeza sobrehumana, fruto de este ideal, y que arrastran en pos de sí a millares de abnegados y valientes misioneros.

Es que esa tendencia en estado permanente atrae a sí las otras inclinaciones no opuestas y se las asocia. Y a las contrarias, o las anula, o las debilita, no dando lugar en su mente al pensamiento que las alimentaría.

La felicidad, por su parte, gana mucho con esa unidad y exuberancia de vida intelectiva y afectiva que brota del ideal, con la natural alegría de los actos perfectos y con la profunda satisfacción que sigue al mérito y al bien moral.

Iñigo de Loyola cae herido en Pamplona. Su ideal humano y caballeresco se convierte al contacto del Flos Sanctorum y de la Vida de Cristo en ideal divino: "La mayor Gloria del Gran Rey". Su vida se transforma en eficiencia asombrosa, en paz inalterable, en heroísmo sobrehumano.

ESCOGER EL IDEAL

1º Ideal que no esté en pugna con nuestro bien total, es decir, con nuestro último fin, sino que lo secunde y facilite. El ideal de esta vida es preparar la otra.

César, Alejandro Magno, Napoleón, tuvieron un ideal de conquista que dio unidad y eficacia a sus vidas; pero como el bien anhelado no era total, no satisfacía a toda el alma, y aparte de eso traía el mal para muchos individuos y pueblos, no pudieron encontrar en él su felicidad y los tres nos dejaron palabras de desengaño.

Cicerón, Demóstenes, tuvieron el ideal de alcanzar la elocuencia para dirigir la patria y corregir los abusos, y este bien constantemente previsto y deseado les hizo superar dificultades, conseguir grandes éxitos y gozar profundas satisfacciones. Sin embargo se les infiltraron objetivos más bajos, y tampoco esto llenaba las aspiraciones de todo su ser.

2º Que esté de acuerdo con nuestras aptitudes, con nuestra personalidad.

Menéndez y Pelayo, al ver la leyenda negra esparcida en el mundo de la historia sobre el catolicismo español del siglo de oro, concibió el ideal de defender a su patria y a su religión de tantas calumnias y estudió y superó a sus condiscípulos en ciencia y en elegancia de estilo, y asombró al mundo con sus libros y vivió intensa alegría al escribir su maravillosa "Historia de los Heterodoxos Españoles", y murió feliz e íntimamente satisfecho.

3º Que se halle fuera de nosotros y sea superior a nosotros. De lo contrario podríamos decir lo que aquel novelista: "Carlitos es un pequeño estado limitado al norte, sur, este y oeste por Carlitos". Si el ideal es nuestro cuerpo, sus límites son verdaderamente estrechos: corrupción y muerte a los pocos años.

El ideal de la vida es el desarrollo de todo el ser en provecho de los demás y en servicio de Dios; es la transformación de nuestros instintos en espiritualidad y en amor superior; es vivir en sí y no fuera de sí, en los demás y no fuera de los demás, en Dios y no fuera de Dios.

4º Que sea práctico, que nos lleve a realizar en el momento presente el pensamiento bueno, el fin noble que concebimos. No olvidemos que "el momento más hermoso de la vida, el más rico, el más pletórico de porvenir, el único que está en nuestras manos es el minuto presente en el cual podemos enmendar el pasado y edificar el porvenir"; en el cual podemos glorificar al Ser Infinito y, salvándole almas, engastar nuevos diamantes en su corona divina.

No es perfecto el ideal que no se puede realizar en cada instante y que no esté al abrigo de cualquier contingencia. Por eso, cuando algún contratiempo, una enfermedad nos lo impida, digamos con Adela Kann: "Si no puedo ahora realizar mi ideal, quiero por lo menos idealizar mi realidad", es decir, ver lo sublime de ese dolor.

El mayor ideal de la vida es realizar en cada instante el ideal de Dios, su santísima voluntad. O lo que es lo mismo: sentirse en todas las cosas en armonía con el pensamiento del Creador, con su sabiduría infinita. Que vivamos con plenitud y gozo: vida física saludablemente conservada. Vida moral, sin claudicaciones: deber, justicia, verdad. Vida intelectual seria y ordenada. Vida del corazón con dos movimientos: para darse y guardarse. Pero sobre todo, vida espiritual intensa, clara y profunda, primeramente interior, para ser luego apostólica.

Vida también con gozo: que el servir, orar y aun sufrir, entran, deben entrar en el gran gozo que es Dios.

5º Hay que concretarlo y sintetizarlo en pocas palabras para repetirlas con frecuencia.

Juan Berchmans comprendió el heroísmo del deber cumplido con perfección aun en las cosas más pequeñas: "Maximus in minimis", se dijo, "seré eximio en las cosas menudas", y llegó a santo a los 22 años. Estanislao de Kostka, héroe y santo a los 18 años, se lo concretó así: "No he nacido para las cosas presentes sino para las futuras, para las más grandes" (Ad altiora natus sum).

A manera de ejemplo, proponemos para las personas creyentes y espirituales el:

IDEAL DE IDEALES

Si Dios, infinitamente perfecto, hubiera de encarnarse, ese Hombre Dios sería el ideal de la humanidad.

Pues bien, es un hecho que la grandeza suprema, la Bondad sin límites, la Verdad eterna, la Hermosura infinita, Dios, no sólo se ha hecho hombre, nuestro igual, nuestro compañero, nuestro modelo, sino también ha querido ser precio de nuestro rescate en la Cruz, alimento de nuestras almas en la Eucaristía y nuestro premio en el cielo.

Este Hombre-Dios, con todos los derechos de Creador y Redentor, de excelencia, sabiduría y bondad para reinar en el tiempo y en la eternidad, no sólo no es amado y obedecido por todos, sino que muchísimos le desconocen, le olvidan y le ultrajan, y aun no pocos de los que se dicen suyos le ofenden o sólo le dan piltrafas de corazón (los restos de su amor).

Él, con todo, en vez de fulminar sentencia de condenación, se rasga el pecho, nos muestra su Corazón herido, pero lanzando llamas de amor, y nos dice: "Tú al menos ámame, consuélame y hazme reinar"; y nos propone el pacto consolador que ofreció a santa Margarita y al Padre Hoyos: "Cuida tú de Mí y de mis cosas y yo cuidaré de ti y de las tuyas".

Él cuidará de nuestro bien temporal y eterno; de nuestra salud, vida, familia, negocio; de nuestra alma, virtud, salvación eterna, en la medida que nosotros cuidemos de darle gusto y gloria. Aceptado el pacto, toda preocupación, escrúpulo, fobia, desaparece, ya que Otro, que comprende mejor que nosotros dónde está nuestro bien supremo, y que quiere y puede procurárnoslo, se ocupa de ello.

Elementos de este ideal

1º Entregar el pasado a Su Misericordia y el futuro a Su Providencia, para vivir alegres en el presente. Entregarle el cuerpo y el alma para que los cuide y disponga de todo según su voluntad.

2º Tomar como único ideal en cada instante, darle el mayor gusto posible por el deber cumplido, por la caridad con el prójimo, por el apostolado, por la oración fervorosa. Su lema será: "Rey amantísimo, amado y ultrajado: todo y siempre para mejor amaros, consolaros y glorificaros".

3º Libertado el corazón de otros afectos, preocupaciones y deseos, dar entera posesión de él "al Corazón Amante y no Amado", entronizándole en nuestro corazón, haciéndole rey absoluto y soberano, para consolarle de la herida agudísima que le causan las almas escogidas que no le reciben o que sólo le dan un rincón del corazón.

4º Sentir su presencia amorosa en nosotros por la gracia, adorarle, hacerle compañía en este templo vivo, y sobre todo consultarle sus deseos y pedirle órdenes, dejándole reinar en nuestros sentidos, potencias, afectos y obras.

Efectos

Además de las promesas maravillosas hechas a los verdaderos devotos de su Corazón: bendición en sus empresas, paz, fervor, santidad, salvación eterna, apostolado eficaz, que en esta consagración tiene su plena realización.

Psíquicamente conseguiremos

1° Cambiar el dolor en alegría viéndolo muy atractivo: ya que el Rey, sabiduría infinita, escogió para sí el sufrimiento, está coronado de espinas y pide víctimas que le ayuden con el sufrimiento voluntario a aplacar la justicia de Dios y salvar las almas.

2° Conseguiremos la unificación de nuestra vida, por medio de este ideal sublime y realizable en cada momento. Dominaremos la dualidad penosa, las fobias y preocupaciones, el dolor subjetivo.

3° Conseguiremos la plenitud consoladora de vida intelectual y afectiva, conociendo, amando y poseyendo a la Verdad y Bondad infinita, y del modo más atractivo e íntimo, cual es el de un Dios-hombre que vive dentro de nosotros y se rasga el pecho para mostrarnos su Corazón deshaciéndose en llamas de amor por nosotros y angustiado por la pena de que no le permitimos hacernos mayores bienes.

Este corazón feliz, dominado por los intereses y por la persona de Aquel que tomó posesión y reina totalmente en su seno y que le comunica su propia paz, felicidad y vida, es como el cristal de un lago sereno y limpio. Los acontecimientos humanos rozarán apenas como brisas la superficie de agua sin deshacer la imagen nítida del cielo azulado, símbolo de paz y felicidad divinas, comunes a los dos corazones, al corazón trono y al Corazón Entronizado.

TENER UN IDEAL

Objetivo = Fuente de salud, eficiencia y felicidad; un fin noble; lo ideal.

Subjetivo	Idea grande y constante. Tendencia violenta y permanente. Voluntad firme y actos repetidos.
Falso o pasión mala	Idea, tendencia y voluntad fija hacia un mal. Causa inquietud y desunión.
Escoger el ideal	1° En armonía con el fin último. 2° Conforme a las aptitudes. 3° Superior a nosotros. 4° Práctico, realizable en cada instante. 5° Concretarlo en pocas palabras.

	Objeto	Nobilísimo: el Hombre Ideal. Amabilísimo: amor no amado. Utilísimo: que reine en todos.
Ideal de ideales Cristo Rey	Concreto	Pacto: entrega total. Él cuidará de mí. Yo... "lo que más le agrade". Motivo: por amarle y consolarle. Modo: hacerle Rey del Corazón, acompañarle, obedecerle, identificarse con Él.
	Espirituales	Sus promesas: paz, fervor, bendición, salvación, fruto.
Efectos	Psíquicos	Unifica la vida. Cambia el dolor en alegría. Mata las fobias.
		Plenitud consoladora { intelectual y afectiva.

DIRECTIVAS DE SALUD Y EFICIENCIA

1ª Tengamos conciencia de nuestro capital psíquico y somático reconociendo la limitación de nuestras fuerzas. Y si, por un esfuerzo extraordinario o prolongado, lo hemos disminuido, sepamos reponerlo a tiempo por el descanso proporcionado. No prolonguemos más de dos horas la concentración de la atención sin unos minutos de sensaciones conscientes y de relajación muscular. Los enfermos, débiles y convalecientes abrevien mucho más su esfuerzo.

2ª Realicemos el oficio o deber de cada día con la mayor perfección posible, es decir: con concentración, naturalidad y agrado, evitando toda tensión, precipitación y disgusto. Que hallemos en esto la fuerza y placer de un ideal. "Age quod agis" con unidad y plenitud.

3ª No aspiremos a realizar al instante todo lo bueno y grande a que nuestros impulsos nos incitan, sino sólo aquello que nos incumbe, y lo que el juicio tranquilo nos muestra proporcionado a nuestras fuerzas. No aumentemos innecesariamente nuestra responsabilidad.

4ª En la vida social evitemos la exagerada emulación, reconociendo y aceptando la superioridad física, intelectual o moral de otros. Si en algo queremos sobresalir, que sea sobre todo en bondad, comprensión y paciencia.

5ª En los contratiempos y adversidades, sepamos encontrar y considerar lo que tienen de bueno o útil para nosotros o para los demás, para el tiempo o para la eternidad; y opongamos este contrapeso a la excesiva tristeza y desaliento. Aceptar lo inevitable y fundamentar en ello nuestro ideal, es secreto de eficiencia y felicidad.

6ª Evitemos la tensión proveniente de la duda o inseguridad con respecto a nuestra salud, actuación y éxito temporal o eterno, confiando en nuestras fuerzas y en la ayuda divina, y afianzándonos en la fe religiosa y tranquilidad de conciencia.

7ª Utilicemos la mayor de nuestras facultades, con decisiones deliberadas, concretas y motivadas; ejecutándolas luego sin discusión ni desfallecimiento. Esto nos dará fuerza y sana personalidad.

8ª Reconociendo la duplicidad de tendencias que hay en nosotros, de ángel y de bestia, hagamos que el psiquismo superior intelectivo-volitivo domine y rija al inferior sensitivo-apetitivo, y que el bien del todo prevalezca sobre el gusto o bien de una parte.

ÍNDICE

Introducción: Vida moderna descontrolada 5

PRIMERA PARTE:
LA FELICIDAD Y SUS MECANISMOS PSÍQUICOS 9

I - Felicidad falsa y verdadera 11

    Describamos la felicidad verdadera 12

II - Reeducarnos para la felicidad 19

    Advertencia importante 20

    Cansancio - Insuficiente control - Malestar
    Psicosomático 21

    Mente receptora y emisora 27

III - Receptividad 29

    Reeducación de la Conciencia Receptiva 30

IV - Emisividad 39

    Del dominio imperfecto al control 48

V - Voluntad 55

    Ejecución 60

VI - Sentimientos y emociones 63

Maquinaria emocional Ocasión - disposición - causa - efectos 64

Emociones positivas: Amor-confianza-alegría 79

Trayectoria Psico-fisiológica de la emoción 82

VII - Control de las emociones 85

Resumen práctico - control emocional 94

Impresionabilidad exagerada 97

Psicoterapia integral religiosa 102

Problemas cruciales y su solución en psicoterapia. Origen y destino del mundo y del hombre. El dolor. La muerte 104

VIII - Resumen práctico: decálogo de salud 107

Consejos prácticos para desajustes de la personalidad 108

SEGUNDA PARTE:
REEDUCACIÓN Y APLICACIONES 115

IX - Saber descansar 117

Descansar en vigilia 117

Descansar en el sueño 124

Resumiendo Para Dormir 137

Evitar el cansancio de la voz 137

Saber descansar 141

X - Utilizar la voluntad 143

Saber educar la voluntad 152

XI - Sexo integrado en la persona y en el amor 153

XII - Gobernar la afectividad 163

XIII - Dominar la ira 169

Fase activa derrotista............................171

Fase activa de control...........................173

Dominar la ira 178

XIV - Superar el temor...........................179

Sentimiento de inferioridad.....................190

Eritrofobia o rubor inmotivado 195

Pensamientos de valor 196

Actitudes de heroísmo en mi misión 197

Superar el temor 198

XV - Vencer la tristeza..........................199

XVI - Saber ser feliz............................211

Felicidad negativa...............................212

Felicidad positiva...............................216

Pensamientos para cambiar el dolor en alegría 218

Pensamientos sobre la felicidad y alegría 219

Saber ser feliz...................................221

XVII - Escoger un ideal..........................223

Ideal falso o pasión desenfrenada..............224

Escoger el ideal.................................226

Ideal de ideales 228

Tener un ideal...................................230

Directivas de salud y eficiencia 231

Voz Católica Ediciones

Otras obras:

- *Peregrinando hacia la Santidad: Reflexiones y anécdotas ignacianas para cada día del año* - **P. Gustavo Lombardo**

- *Libro de los Ejercicios Espirituales* - **S. Ignacio de Loyola**

- *El comunismo en la revolución anticristiana* **P. Julio Meinvielle**

- *Meditaciones sobre las letanías del Sagrado Corazón de Jesús* - **Sacerdotes del Verbo Encarnado**

- *Mes de preparación para consagrarse a María Santísima* - **San Luiz María Grignion de Montfort**

- *Una Familia de bandidos en 1793: Relato de una abuela* - **P. Juan Charruau**

- *Fabiola: La Iglesia de las catacumbas* - **Cardenal Nicholas Wiseman**

- *Luz de las Cumbres* - **Franz Weiser**

- *Hilaire Belloc su mundo y su obra, setenta y cinco años después* - **Aníbal Domingo D'Angelo Rodríguez**

MÁS INFORMACIÓN
VOZCATOLICA.COM/EDICIONES/

Se terminó de editar en los talleres gráficos de
Voz Católica
en Santiago de Compostela, España,
el día 21 de noviembre de 2024,
memoria de
La Presentación de la Santísima Virgen María
– *Deo gratias* –